O perfume de Helena

O perfume de Helena

Uma história real de superação

JULIANA FEREZIN HECK

CorreioFraterno

Editora Espírita Correio Fraterno
Av. Humberto de Alencar Castelo Branco, 2955
CEP 09851-000 – São Bernardo do Campo – SP
Telefone: 11 4109-2939 – WhatsApp: 11 97334-5866
correiofraterno@correiofraterno.com.br
www.correiofraterno.com.br

Vinculada ao LAR da CRIANÇA EMMANUEL *www.laremmanuel.org.br*

1ª edição – 1ª reimpressão – Agosto de 2017
Do 3.001º ao 6.000º exemplar

Impresso no Brasil
Presita en Brazilo – Printed in Brazil

Coordenação editorial
Cristian Fernandes

Preparação de texto
Eliana Haddad e Izabel Vitusso

Capa e projeto gráfico de miolo
Bruno Tonel

Catalogação elaborada na editora

Heck, Juliana Ferezin
O perfume de Helena / Juliana Ferezin Heck. – 1ª ed., 1ª reimp. – São Bernardo do Campo, SP : Correio Fraterno, 2017.
160 p.

ISBN 978-85-98563-96-1

1. Romance espírita. 2. Espiritismo. 3. Síndrome de Edwards – Narrativas pessoais. 4. Histórias de vida. I. Título.

CDD 133.93

"Alegro-me realmente com essa bela obra
da Juliana Ferezin Heck, *O perfume de Helena*,
que estará enriquecendo vidas, resultado
da dor e da vivência de pessoas que bem
souberam administrar o desafio existencial."

DIVALDO FRANCO

SUMÁRIO

APRESENTAÇÃO

QUANDO OS APÓSTOLOS de Jesus lhe apresentaram um cego de nascença, fizeram-lhe a seguinte pergunta: "Mestre, quem pecou, este homem ou seus pais, para que nascesse cego?"

A resposta de Jesus foi clara: "Aquele homem que estava ali não havia pecado, nem seus pais, pois a justiça divina não permite que os filhos paguem pelos pais, nem os pais pelos filhos. Mas o espírito que animava aquele corpo, este sim, havia pecado antes do nascimento.".

Por que começo meu relato com essa passagem?

Porque se não acreditasse em uma vida anterior a esta, e em outras vidas depois desta oportunidade, eu teria enlouquecido ao vivenciar o pior pesadelo de uma mãe.

Esta é a história de Helena, meu passarinho! Quem diria que meu passarinho passaria?

"Não há efeito sem causa – disse Allan Kardec, o codificador do espiritismo – e todo efeito inteligente tem, forçosamente, uma causa inteligente." Jesus também ensinou que a cada um seria dado de acordo com suas obras – algo a ser entendido para ampliarmos nossa visão acerca de todas as situações difíceis que possamos viver.

Outras duas premissas que fizeram parte dos meus pensamentos todos os dias, quando olhava para aquele corpinho tão frágil e indefeso: eu precisava encontrar uma explicação para tudo o que vivenciávamos e precisava consolar meu coração aflito de mãe. Chegara a hora de colocar em prática tudo o que estudei, ensinei e li durante mais de uma década.

Graças a Deus, eu tenho a luz do Evangelho em meu coração!

Graças a Ele, tenho um marido maravilhoso, que também compartilha das mesmas lições. Companheiro fiel e amoroso, que se mostrou um pai dedicado, apesar de todos os seus medos, e que se mantém firme ao meu lado, cuidando das minhas feridas ainda abertas.

Graças a Deus, temos amigos. Não fossem suas orações, talvez teríamos desabado!

É assim, agradecendo a Deus e ao nosso passarinho Helena, que começo a relatar todo nosso projeto de amor.

CONSTRUINDO UMA FAMÍLIA

ASSIM QUE DECIDIMOS ter nosso bebê, depois de um ano de casados e muitas conversas, eu resolvi que relataria em um diário todo o processo: as tentativas, o resultado positivo, o pré-natal até o nascimento e, depois, seguiria relatando cada conquista da nossa família, para que, um dia, nosso filho ou filha, pudesse ler e ver o quanto ele foi amado desde antes de nascer. Na página de abertura desse diário, eu escrevi: "Construindo uma família", como se fosse o nome de um livro que eu escreveria aos poucos.

Marcelo sempre teve um medo inexplicável de ser pai. Nenhum trauma antigo; apenas um receio imenso que o impedia, inclusive, de falar sobre a possibilidade da paternidade. Eu, que nunca pensei em não ser mãe, que sempre guardei uma certeza enorme de que tudo daria certo, via agora diante de mim a possibilidade de não realizar meu sonho.

Nunca me passou pela cabeça que eu poderia ter um filho com qualquer problema. Ao contrário do Marcelo. Ele dizia que tinha certeza de que um filho lhe traria grandes desafios e associava esses desafios a problemas de saúde. Pouco antes de nos casarmos, ele foi bem claro que eu não deveria atrelar a maternidade ao casamento, porque talvez ele não desse conta de me proporcionar isso.

Foi muito difícil pensar que talvez eu estivesse errada e a certeza de que seria mãe agora se transformara em dúvida. Mas eu sabia que não devia desistir. Eu sabia que Deus guardava um propósito muito grande em minha vida e que o Marcelo era o homem certo para fazer parte desse sublime projeto de vida. E foi com muita conversa que resolvemos tentar: ele se apoiou na minha coragem e nas minhas certezas para enfrentar seus medos e encarar a realidade.

A partir do dia do sim à nova vida, eu passei a registrar meus pensamentos.

Conversava com minha filha (sim, essa era outra certeza que eu carregava comigo: seria uma menina) através daquelas palavras escritas. Fui estreitando um laço que eu sabia ser de outras vidas. Eu estava pronta e agora esperava o momento dela, a hora em que ela se sentiria segura para finalmente mergulhar no espaço e vir ao encontro de nós.

Rezei noites e noites para que ela conseguisse ver nosso imenso esforço em nos tornarmos pessoas melhores, para que pudéssemos ser bons pais. Conversei muito para que ela pudesse entender que o medo do seu pai era porque ele sempre fora muito exigente consigo mesmo e que agora exigia de si ser também o melhor pai do mundo.

Ele lutava dia a dia para que seu medo não superasse sua vontade de recebê-la. Só Deus sabe o quanto eu pedi para que Ele iluminasse a nossa pequena, para que ela percebesse todo nosso empenho para trazê-la ao melhor dos mundos: a nossa casa!

Quem me conhece sabe o quanto é importante para mim escrever durante momentos de muita ansiedade ou de crise. Por isso, aquele diário foi tão essencial nos momentos que vieram depois da decisão de sermos pais. Todas as alegrias e angústias estão registradas ali. Confesso que não tive coragem de reler tudo ainda. Repassar cada dia escrito naquelas páginas é difícil nesse instante.

Mas eu sei que lá são só folhas preenchidas por palavras que fizeram sentido um dia e que hoje eu as interpretaria de mil maneiras diferentes. O que realmente ficou foram os dias que passei com ela, dentro e fora de mim.

O registro que se fez – na pele, na memória e na vida –, ninguém, nunca, será capaz de sentir. O que ela e eu construímos, o que ela e seu pai vivenciaram, é muito mais do que palavras organizadas em frases.

Trata-se de um amor tão imenso e puro que nos marcou para sempre e é muito difícil mensurá-lo, organizá-lo, descrevê-lo. Mas eu tentava fazer isso quando escrevia.

O amor dói? Em nós doeu algumas vezes, quando eu não podia ajudar muito com as cólicas, quando não podia pegá-la, por conta de tantos tubos e fios, quando eu via tantos furinhos e roxos em sua pele branquinha. O amor tem cheiro? Para a gente tinha cheiro de esparadrapo, quando eu me despedia, dando-lhe um beijo na sua cabecinha, e sentia de perto o cheiro dos curativos; cheiro de chulé, quando eu tirava suas luvas e pegava sua mãozinha úmida, por não haverem cuidado tão bem quanto eu cuidaria; cheiro de Helena, porque cada um tem um cheiro único e ela tinha o dela, que eu ainda procuro nas poucas roupas e sapatinhos que guardei.

Está tudo registrado lá, naquele livro que parei de escrever ainda nos primeiros capítulos.

A SEGUNDA LISTRA

NO DIA 17 de março de 2015, eu me deparei com a famosa segunda listra. Fiz um teste caseiro e meu maior sonho se tornava real diante dos meus olhos: a segunda listra tornou-se visível. Eu estava grávida.

Hoje, analisando tudo mais friamente, eu consegui me lembrar que, quando fui comprar o teste, já tinha certeza de que estava esperando Helena. Eu levantei com um pouco de dor de garganta e resolvi tomar um remédio, mas desisti no meio do caminho. Pensei: "Melhor não tomar, se eu estiver mesmo grávida, pode dar algum problema." Pelas minhas contas, eu não tinha como ter certeza ainda, era muito cedo, mas alguma coisa me dizia que sim, eu estava grávida.

Passei na farmácia e comprei o teste mais barato que tinha, afinal, foram oito meses tentando engravidar e vários testes comprados, fora um exame de sangue. Era o famoso leve dois e pague um. Assim que cheguei ao meu consultório odontológico, resolvi fazer. Eu não conseguia sair do banheiro. Estava paralisada ali na frente dos dois risquinhos. Um era bem fraquinho, então, fiquei na dúvida. Resolvi sair dali assim que tive um tempo e fazer o exame de sangue. O resultado se confirmou: eu estava grávida de três semanas!

Nesses meses de tentativas, ficava imaginando em como daria a notícia ao Marcelo. Eu não podia me esquecer dos seus medos, e pensava em maneiras de contar que não o pegasse de surpresa, mas também que ficasse marcado nas nossas memórias. Pensei em comprar um sapatinho e colocar junto com o exame, em fazer um caminho de bilhetes até uma caixa com o exame e uma chupetinha, enfim, ideias não me faltavam.

Mas quando me vi ali, grávida, fui tomada de uma alegria tão grande que minha vontade era sair gritando para todo mundo ouvir. Parei e respirei fundo: o pai deveria ser o primeiro a saber. Eu só não ia aguentar esperar até chegar em casa. Tirei uma foto do teste e mandei uma mensagem de texto para ele no celular: nada de surpresas! Ele me ligou na mesma hora: "Isso é jeito de me contar? Por que não esperou chegar em casa?"

Por quê? Porque eu estava feliz demais! Tinha medo de olhar nos olhos dele e enxergar a insegurança ou o desespero, ao perceber que ele estava diante da possibilidade do seu maior pesadelo tornar-se real. Queria prepará-lo para que, mais calmo, quando me visse, desse um abraço e um beijo em mim. E foi assim que aconteceu.

Contamos aos meus pais, aos meus irmãos e à irmã dele. Todos estavam felizes. A irmã dele estava radiante. Aos gritos ela dizia: “Vou ser tia! Finalmente serei tia!”

A gravidez da Helena também se tornara um sol no meio de dias nebulosos. Minha cunhada havia descoberto um câncer de mama de um tipo raro e agressivo há quatro meses. Já estava em tratamento e seguíamos todos muito confiantes em sua vitória. O sonho de ser tia agora era real. Ela também conhecia todas as angústias do irmão, sabia o quanto dar esse passo foi complicado para ele. Estava duplamente feliz: pelo irmão e por ela.

Eu consegui uma consulta com o obstetra na semana seguinte e em duas semanas estava fazendo meu primeiro ultrassom. Fui sozinha e pude ouvir o coração dela e ver que estava tudo bem. Ainda assim, Marcelo me pedia para controlar a ansiedade e não contar para ninguém ainda.

Muito a contragosto, decidi que contaríamos depois do segundo ultrassom, assim que completasse três meses e passasse o período considerado mais arriscado.

Demorei para aceitar essa condição, porque, para mim, nós já éramos pais. Se ela ficasse conosco mais cinco dias ou cinco décadas, seríamos igualmente seus pais.

Com nove semanas, fiz um exame de sangue e veio a confirmação: esperávamos uma menina! Agora era oficial: Helena estava a caminho! Os enjoos começavam de leve, mas eu agradecia cada mal-estar, cada dia que passava mais arrastado pelo sono, agradecia tudo!

Via meu corpo começando a se transformar e achava que todo mundo via a mesma coisa. E daí? Eu queria que todos soubessem. Marcelo se mantinha receoso. Ainda não estava plenamente convencido de que estava tudo certo.

O DIA QUE ERA PARA TER SIDO E NÃO FOI

EU HAVIA COMPLETADO onze semanas e seis dias, o momento exato, segundo o meu obstetra, para fazermos o primeiro ultrassom morfológico.[1]

Dessa vez, o papai estaria conosco. Combinamos de nos encontrar em frente à clínica. Eu, ao contrário de outras amigas que também estavam grávidas, fui para esse exame supertranquila. Tinha certeza de que estava tudo bem conosco, de que a Helena crescia forte e saudável.

Hoje, em nossas conversas em casa, digo ao Marcelo que Deus me deu uma certeza tão grande da minha função de "mãe da Helena" que não me permitiu pensar um segundo sequer no que estaria por vir, porque, se algum dia me contassem o que eu passaria com ela, certamente fraquejaria.

Enfim, estávamos eu e ele naquela sala fria, tão

---

1 Exame em que o médico analisa um espaço presente na nuca do bebê: a translucência nucal. Não é um exame definitivo, mas alterações nesta medida podem indicar desde a presença de um problema genético – síndrome de Down (a mais comum) ou trissomia do 13 ou 18 (consideradas incompatíveis com a vida) – até problemas cardíacos.

fria quanto o médico que se colocou na frente do aparelho de ultrassom e conduziu o exame. A primeira imagem que vi da minha filha fez minha barriga gelar. Vi um espaço enorme circundando seu corpo. Soube na hora que algo estava errado. Marcelo me confessou, tempos depois, que ao ouvir o som do coração também sentiu que algo não estava bem. Assim que o médico terminou, levantou-se e disparou (sim, como um tiro nos nossos corações): "A translucência deu muito alterada. Seu bebê pode ter desde um problema cardíaco até uma doença grave. Procure seu médico."

E saiu. Sem nos dar a possibilidade de perguntar mais nada.

Marcelo chorava compulsivamente e repetia:

– Eu sabia. Sempre soube! Eu tinha certeza de que nossa filha teria algum problema.

Eu o abracei o mais forte que pude. Sentia que ele estava desmoronando nos meus braços. Só consegui pedir para ele ter calma, pois, se Deus havia confiado um espírito que exigisse de nós um cuidado maior, é porque sabia que nós dois éramos as pessoas certas.

Entrei no meu carro, enquanto ele voltava para o trabalho, e fiquei parada. Não sei o que se passou na minha cabeça naquela hora. Era para ser um dia feliz e não foi!

Resolvi ir até o trabalho da minha mãe e contar para ela. Uma coisa eu já tinha decidido: contaria para todos sobre todas as possibilidades que surgissem a partir desse exame. Não esconderia nada das pessoas que estavam próximas de nós. Foi um choque para todo mundo! Ninguém imaginava que um exame tão comum, tão no início da gravidez, pudesse indicar algo grave. Tanto não imaginávamos, que resolvemos repeti-lo, no dia seguinte, em outra clínica.

Foi uma noite difícil. Meus pais choravam muito e nossos irmãos estavam chocados. Todos tentavam falar alguma coisa, fazer algo para nos acalmar, mas falar o quê? Fazer o quê? Ninguém estava preparado para isso.

O segundo exame, mais detalhado e com um médico muito mais compassivo, nos deixou ainda mais tristes: a translucência era de 6,6 mm (o limite é até 2,5mm) e ela apresentava um higroma cístico, um acúmulo de líquido por todo seu corpo. Isso representava situações graves, que colocavam sua vida em risco.

O exame também indicava o que chamam de trissomia do 13 ou do 18, apontando justamente os problemas genéticos incompatíveis com a vida. Perderíamos nossa filha em algumas semanas – antes do final da gestação – ou horas depois que ela nascesse.

Esse médico, muito cuidadoso e se dizendo contra, comentou que, em outros países, condições como a dela nos dariam direito a optar pelo aborto. Aborto? Nunca!! Nunca abandonaríamos nossa filha.

Ele sugeriu uma amniocentese, uma análise do líquido amniótico, para definirmos se ela realmente tinha um problema genético e qual seria esse problema, mas nos alertou sobre a possibilidade, muito pequena, cerca de 1%, de ocorrer o aborto logo após o exame.

Também fomos taxativos: qualquer exame que colocasse em risco nossa menina estava fora dos nossos planos. Deixaríamos Deus determinar o curso das nossas vidas, como sempre fizemos. Não decidiríamos por Ele.

Essa decisão foi muito lúcida. Sabemos que cada um traz o seu plano, um projeto amoroso, cujo objetivo é nos transformar, nos melhorar e potencializar o nosso amor. Esse plano, pré-determinado, era nosso, era da Helena. Não caberia a nós decidir por ela. O que ela teria que aprender? O que nós aprenderíamos com ela? Quanto tempo ela precisaria para isso: dias, meses? Iríamos aguardar o que a Providência Divina preparava para nós.

Levei os exames ao meu médico e ele foi bem claro, dizendo que as chances de a gravidez seguir em frente eram pequenas, e que passaríamos a acompanhar o seu desenvolvimento a cada 15 dias, com ultrassons, e, assim que ela se fosse, eu seria encaminhada ao hospital.

Perguntei, então, quais eram as chances de voltarmos daí a 15 dias com exames melhores.

"Nenhuma" – foi a resposta.

Ali eu começava a ver a possibilidade do meu sonho ser interrompido, num misto de decepção e medo, angústia e um raio de esperança.

Decidi, então, que minha filha teria todo o meu amor durante o tempo que lhe fosse necessário. Eu me entregaria por inteiro, todos os dias, porque sabia que aquele poderia ser o último.

Criei uma rotina nova: manhãs pedindo, noites

agradecendo. Levava cerca de dois minutos para chegar até onde meu carro ficava estacionado no condomínio em que morava e, no trajeto, comecei a conversar com Deus. Assim que saía para trabalhar, ia, em prece, por esse caminho, pedindo mais um dia com minha filha. Quando voltava, agradecia pelo dia que ela passara, crescendo dentro de mim.

O RIO

A MÚSICA SEMPRE FEZ parte da minha vida. Não sou cantora, não toco, mas todos os meus momentos especiais têm uma trilha sonora e com a minha gravidez não seria diferente.

Marcelo e eu fazemos parte do coral no centro espírita que freqüentamos, de um coral de amadores, mas esse grupo se tornou nossa família. Dizemos que é nossa família espiritual: companheiros que escolhemos para a nossa jornada e que nos apoiaram de uma maneira indescritível.

Assim que recebemos o resultado do ultrassom, compartilhamos nossa dor com eles, que cantaram com todo amor e carinho para nos embalar e acalmar nossos corações. As letras nos chamavam para refletir sobre nossos sentimentos, nos davam força e nos encorajavam, mas foi uma música de fora do coral que eu escolhi para cantar para a Helena: *O rio*, de Marisa Monte.

"Ouve o barulho do rio, meu filho
Deixa esse som te embalar
As folhas que caem no rio, meu filho

Terminam nas águas do mar
Quando amanhã por acaso faltar
Uma alegria no seu coração
Lembra do som dessas águas de lá
Faz desse rio a sua oração
Lembra, meu filho, passou, passará
Essa certeza, a ciência nos dá
Que vai chover quando o sol se cansar
Para que flores não faltem jamais"

Ela foi nosso hino, principalmente nessas duas semanas de intervalo entre um exame e outro. Eu a ouvia repetidamente e fui colocando nossas vidas nessas frases. Nosso caminho, juntas, era como um rio, que tinha seu percurso definido e que, mesmo acidentado, cheio de pedras e turbulento, carregava-nos até o mar imenso de amor.

Com as tristezas e incertezas que tornam nossos dias nebulosos, o sol está presente, mesmo que escondido, e sempre volta. Acima de tudo, a chuva é necessária para que não faltem as flores. Para o nosso amor brotar e se transformar, nesta vida, teríamos que passar pela tempestade, pelo dia escuro, mas com a certeza da nossa vitória.

Cantei para ela todas as vezes que pude: enquanto dirigia até o trabalho, enquanto estava sozinha com ela, nas noites difíceis em que Marcelo precisou cuidar da irmã.

Fazia questão de repetir que a chuva era necessária para as flores não faltarem. Nossa chuva estava ali, mais para tempestade devastadora do que uma chuva qualquer, mas as flores brotariam, eu tinha certeza!

Outra coisa que sempre repetia para a Helena: "Lembra, minha filha, passou passará!" Várias vezes sussurrei: "Calma, meu amor, isso tudo vai passar... vai passar!" Como um mantra, eu repeti várias e várias vezes. Tudo ia passar: toda a dor, todo o sofrimento, todas as necessidades de reparo!

A PRIMEIRA MENSAGEM

COMO DISSE ANTERIORMENTE, nossa família espiritual foi, e ainda é, de suma importância para nos dar o suporte que precisamos. Não deixamos de participar dos nossos trabalhos no centro espírita em nenhum momento. Marcelo continuou fazendo os atendimentos fraternos. Eu, meu trabalho de palestras no grupo de tratamento espiritual. Continuamos participando do coral, da reunião mediúnica e dos estudos de domingo. Não fazia sentido abandonarmos algo que nos reabastecia, que fez parte das nossas rotinas por tanto tempo – mais de dez anos – e que agora, mais do nunca, nos amparava e nos sustentava.

Foi no domingo seguinte à notícia de que a Helena não estava bem que recebemos nossa primeira mensagem do plano espiritual. Um casal muito especial nos chamou em uma sala para que pudéssemos receber um passe. Vendo nossa imensa tristeza, assim que nos foi dado o passe, eles começaram a conversar conosco. Foi então que nosso amigo médium começou a ficar diferente e logo percebemos que se tratava de um amigo espiritual que falava agora por meio dele.

Ele foi muito claro ao dizer que estávamos diante de uma caminhada que traria, a nós três, grandes aprendizados. Disse que estávamos amparados e que em nenhum momento ficaríamos sozinhos. A provação era necessária. Disse-nos também que nosso sofrimento duraria pouco e que deveríamos confiar na medicina humana.

Assim que a comunicação terminou, nosso companheiro nos disse que não era de sua intenção que nossa conversa tomasse esse rumo, o de recebermos um comunicado da espiritualidade, mas havia sido muito mais forte que ele. Descreveu-nos, então, o cenário que viu: uma bacia com lençóis brancos e uma água muito limpa, em que eu banhava um bebê. Via também os amigos da equipe espiritual que amparava nossos trabalhos. Estavam todos conosco nessa caminhada.

Saímos confusos, felizes e aliviados, com tanta vibração amorosa, mas cheios de dúvidas. Por que nosso sofrimento duraria pouco? Realmente a gestação não seguiria adiante? Ou será que, ao confiarmos nos médicos, haveria cura para o que quer que nossa filha tivesse? Não tínhamos como saber: teríamos que confiar em Deus. Ele nos permitiu passar por isso. Ele nos daria todas as ferramentas necessárias.

Mesmo com essa certeza, nossos pensamentos às vezes se perdiam. Dúvidas nos pegavam de surpresa e atormentavam os nossos dias. Começava uma batalha árdua, que se estendeu por muitos e muitos meses: a batalha da fé raciocinada contra nossos sentimentos de seres humanos imperfeitos. Como teria sido mais fácil, se nossos corações estivessem realmente cheios dos ensinamentos que fomos adquirindo durante tanto tempo de estudo e de trabalho! Como teria sido menos sofrido se pudéssemos olhar tudo o que estávamos passando só com os olhos do espírito! Como era difícil imaginar nossa filha, ainda em formação, já lutando pela vida! Ver que todo o preparo para recebê-la, todo planejamento, todos os cuidados, de nada adiantaram. Provavelmente, um problema genético a assolava e não tínhamos controle nenhum sobre isso, já que se tratava de um erro de divisão celular, e não de hereditariedade.

A bem da verdade, sabemos que o espírito antecede o corpo e aquele corpinho refletia apenas as necessidades do seu espírito para esta encarnação.

A SEGUNDA MENSAGEM

N**O DOMINGO SEGUINTE,** novamente fomos chamados à sala em separado e, para nossa surpresa, uma nova comunicação. Dessa vez, o amigo fora bem claro e nos orientou para que fôssemos mais confiantes no amparo espiritual. Disse-nos que Helena era um espírito muito querido e pediu para que eu me atentasse aos sentimentos que essa gestação fazia brotar em mim.

Eram somente sentimentos harmoniosos, porque era isso que ela transmitia: muito amor, harmonia e serenidade. Por mais dura a prova, nós daríamos conta e todo amparo estava ali. Mais uma vez, ele fez questão de dizer que não estávamos sozinhos e que nosso sofrimento duraria pouco.

Assim que o amigo espiritual se afastou, novamente nosso companheiro descreveu a cena que viu: Helena nos braços de vários espíritos amigos, que cantavam e dançavam para ela numa roda que se formou em torno de nós. As lágrimas escorriam de seus olhos enquanto nos contava. Eu daria tudo para poder ver o que ele viu, mas não era preciso: nós sentimos a imensa alegria e o cuidado que nos rodeava.

Saímos de lá leves e fortalecidos. O que estivesse preparado para nós três no final daquela semana, quando faríamos um novo exame, seria recebido com muita fé. Estávamos nos braços de grandes amigos, encarnados e desencarnados, e do Pai amoroso, que nunca nos abandonou.

Assim, uma grande corrente de orações foi se formando. Nossos amigos de trabalho no centro estavam sempre em preces, pedindo por nós. Nossa família inteira rezava, cada um à sua maneira, na sua crença. Conhecidos nossos e dos nossos pais também colocavam nossos nomes em suas orações. Helena começava, tão pequenina, a movimentar os pensamentos de tantas pessoas para o bem da prece.

Lembro-me que Ana Cláudia, irmã de Marcelo, falava muito de Santa Rita, e um dia apareceu com uma rosa. A doença não a tornou menos disposta. Ela estava sempre correndo, cheia dos afazeres. Ana entregou-me, dizendo:

– Eu a recebi de algumas amigas que fizeram uma corrente de orações para que a cura me alcance, mas eu abro mão da minha saúde para que Helena fique bem.

Hoje eu me dou conta de que o verdadeiro 'milagre' de nossa vida não foi a Providência Divina livrar nossa filha da doença do corpo, mas nos dar força suficiente para enfrentar o que estava por vir.

A PRIMEIRA BATALHA

PASSADOS 15 DIAS do fatídico exame, estava eu me preparando para enfrentar mais uma vez o aparelho de ultrassom. Naquela manhã de sexta-feira, levantei-me, arrumei nosso apartamento, deixei tudo preparado e arrumado, caso eu precisasse sofrer uma internação: separei algumas roupas, verifiquei se a carteirinha do convênio estava junto com os meus documentos, conferi o telefone do meu médico, caso precisasse ligar de lá para ele.

Entrei no quarto que seria de nossa filha e olhei fixamente para aquelas paredes: eu tinha tantos planos para a gente! Achei melhor me despedir, mesmo que fosse só um quarto vazio. Fiz uma oração, escrevi no diário o que achei que seriam as minhas últimas palavras para ela e esperei. Eu estava sozinha, tentando confortar o meu coração e prepará-lo para a triste notícia que poderia receber mais tarde: nossa filha parou de desenvolver-se!

Marcelo chegou e meia hora antes do horário marcado estávamos na clínica, aguardando nossa vez. Eu via outros casais, felizes, alguns com filhos, dizendo que logo veriam o irmãozinho. Era como se nós fôssemos o único casal do universo a passar pela angustiante espera de notícias. Quando finalmente fomos chamados, minhas pernas tremeram... meu coração parecia querer saltar pela boca! Essa sensação se repetiria outras tantas vezes... Nenhum exame foi tranquilo ou motivo de festa. Este era só o primeiro, dentre tantos que se seguiriam.

Entramos na sala e o médico sequer olhou os exames anteriores! Colocou o aparelho em minha barriga e ouvimos o coração dela batendo mais forte do que nunca... Ela estava viva! Como se nada estivesse acontecendo, o médico foi examinando Helena e nos contando:

– "Sem dúvida temos aqui uma menina, parabéns, papai!"; "O coração está forte"; "Aqui suas mãozinhas sobre o rosto."

E assim foi detalhando-nos nossa menina, que não parava de se mexer. Estávamos atônitos. Não sabíamos o que fazer, como reagir.

Percebendo nossa apatia, o médico perguntou se estava tudo bem. Como assim? Nós é que estávamos ali aflitos por notícias.

Pacientemente, descrevi o último exame, os resultados e foi aí que ele olhou o laudo. Mas, espere: não é para isso que nos pedem os exames anteriores? Não é para o médico saber o que analisar? Ele não deveria saber o que estava se passando conosco?

Mas é preciso estarmos atentos aos auxílios que nos chegam. Graças ao que preferimos chamar de displicência dos médicos que acompanharam a minha gestação foi que seguimos sem saber o que tinha Helena.

Mas voltando ao ultrassom: o radiologista nos disse que Helena era uma bebê saudável. Não apresentava nenhum acúmulo de líquido que indicasse a presença de algo grave. A translucência passara de 6,6 mm para 3,1 mm. Segundo este doutor, nada com que nos devêssemos preocupar.

Mas, mesmo assim, não estava alterado? Não tínhamos força para perguntar mais nada. Se ele disse que estava bem, estava bem!

Lembro-me de que voltamos para casa calados. E agora? Comemoramos? Mas ainda existe uma alteração! O médico disse que está tudo bem com ela, contamos para todo mundo? Mas temos que levar o laudo para o obstetra. Enfim, decidimos que manteríamos a nossa postura de contar tudo o que nos acontecia para quem quisesse saber.

Seguimos da clínica direto para o ensaio do coral. Por telefone, comunicamos aos nossos pais e irmãos tudo que o médico nos falou. Estávamos relutantes em comemorar, mas estávamos felizes!

Assim que chegamos para o ensaio, as perguntas começaram e foi com imenso prazer que dissemos que a nossa menina havia melhorado! Ela venceu a primeira batalha que lhe foi colocada: seu corpinho continuava se formando, crescendo e ela estava bem.

Como cantamos felizes!

Como estávamos felizes!

Chegada a consulta com o obstetra, já com o laudo em mãos, entreguei-lhe sem dizer sequer uma palavra.

Ele me perguntou:

– Tudo bem?

Respondi-lhe prontamente:

– O senhor é que vai me dizer. Sinto que estou na parte mais alta da montanha russa, ou desço agora para a reta final e sigo tranquila, ou vou direto para o lado oposto, em que fico de ponta-cabeça!

Lembro-me de que olhou os exames e ficou parado. Olhou novamente, revirou as páginas. Balançava a cabeça, como se estivesse vendo o exame de outra paciente. Olhou bem nos meus olhos e disse:

– Juliana, eu esperava abrir este envelope e ver a descrição de um feto já sem vida. Estava aqui pensando como seria esta consulta, como falaria para você, já que esta é sempre uma notícia difícil. Confesso que estou surpreso. Não imaginava este desfecho. A partir de agora, seguimos cuidando de você como uma gestante normal. Claro que não podemos nos esquecer dos exames iniciais. Algo está acontecendo com Helena. É possível que ela tenha síndrome de Down. Mas nada grave, a ponto de lhe tirar a vida!

Quanta alegria. Eu queria gritar de felicidade. Estava tudo bem com nossa filha! Não era nada grave. E se a síndrome de Down se confirmasse, estávamos prontos para lidar com quaisquer dificuldades que viessem.

Minha felicidade confundiu o médico: ele repetiu que ela poderia ter Down. Acho que ele imaginou que eu desconhecia as limitações inerentes à síndrome.

– E daí? Você me disse que ela não sobreviveria. O que vier daqui para frente é só dádiva!

Lembramos da mensagem que recebemos: o sofrimento vai durar pouco. Pronto... durou mesmo! Acabou... Nossa filha está bem!

Helena nos ensinara, desde o início, que deveríamos aproveitar um dia de cada vez. E foi o que fizemos.

Comemoramos os resultados positivos. Eu continuava pedindo, todas as manhãs, para passar mais um dia com ela, e agradecia a noite, pela oportunidade concedida.

O coral cantou para ela; eu continuava cantando nossa música...

No fundo, criamos um mecanismo de proteção: perguntamos pouco. O que nos era dito nós acatávamos. Mesmo achando alguns diagnósticos positivos demais, resolvemos não nos aprofundar nas discussões. No final, todos ganhamos com isso, principalmente Helena, afinal eu voltei a sonhar que poderia tê-la em meus braços. Voltei a planejar seu quarto, a aceitar presentes, a imaginar seu rosto, a acariciar minha barriga.

Voltaria ao médico dali a um mês e faria um novo ultrassom quando completasse 24 semanas, ou seja, dois meses e meio depois deste último. Nas nossas cabeças, era só curtir nossa menina e esperar. Mal sabíamos que dois meses e meio era muito tempo e muita coisa poderia acontecer.

A SEGUNDA BATALHA

Q**UINZE DIAS DEPOIS** da consulta que nos trouxe tanto alívio, recebemos uma ligação da Ana Cláudia para um jantar na sua casa. Era comum irmos lá para conversar e passar o tempo.

Com a mesa posta, todos sentados para o jantar, veio a notícia que não gostaríamos de ter ouvido: o quadro da Ana havia piorado. Sabíamos que ela havia sido internada naquela semana, mas imaginávamos ser apenas consequência de uma indisposição causada pela quimioterapia. Só que não foi isso. Ela nos explicou que apresentou tonturas, dores de cabeça e que seu campo de visão havia diminuído. Disse também que teve quadros de ausência e que, por conta disso, foram feitos novos exames, que diagnosticaram uma metástase no sistema nervoso central. Seu maior medo havia se confirmado.

Depois de tudo o que passamos, agora Marcelo enfrentaria a piora do quadro da irmã. Conversamos muito com ela, que tinha como preocupação maior estragar as férias escolares do Antônio, seu único filho, de dez anos. Estávamos no meio do ano letivo e eles ficariam em casa, em vez de viajarem, como faziam todos os anos.

Claro que isso não tinha importância nenhuma para ele ou para o meu cunhado. O que todos queríamos era que Ana Cláudia iniciasse o quanto antes a radioterapia, já que os médicos deram esperanças de que esse tratamento recuperaria sua saúde.

Porém, tudo tomou um rumo diferente do que imaginávamos. Cerca de uma semana depois desse jantar, Ana já estava acamada, com muitas dores de cabeça. Os trâmites para que o tratamento se iniciasse logo seguiam de forma lenta. Era feriado em São Paulo. Mais do que isso, era o aniversário dela e não pudemos comemorar, diante de seu quadro.

Os dias que seguiram foram muito tristes. Ela precisou ser internada; as medicações eram as mais fortes e ainda assim ela sentia dor.

Marcelo trabalhava o dia todo e, quando chegava em casa, engolia o que tinha e seguia às pressas para o hospital. Ficava lá o tempo suficiente para que meu cunhado pudesse ir para casa, descansar e cuidar do nosso sobrinho. Eu passava as noites sozinha, angustiada por não poder vê-la, já que Marcelo pedia para eu evitar o ambiente do hospital.

Mais uma vez, eu cantei para Helena. Conversei muito com ela e disse que teríamos muito tempo para passar com o papai. Agora, era a titia Ana quem precisava dele. Além de cansado Marcelo chegava destruído. Teve dias em que ele só queria colocar para fora toda a raiva que sentia por estar passando por tudo aquilo. Eu apenas ouvia.

Sabia que era um homem com uma dor imensa, e não um marido implicante. Essa era minha maneira de ajudar: escutar tudo o que ele tinha para falar e esbravejar. Enxugar suas lágrimas, dar-lhe ânimo. Foram dez dias que pareceram anos, até que, em uma sexta-feira, no meio da tarde, nossa querida Ana Cláudia descansou.

Foi um choque para todos nós. Claro que para o Marcelo, muito mais! Era sua única irmã, tão cheia de vida, na plenitude dos seus 43 anos recém-completados. Ela, que tanto rezou pela Helena, que deu de presente o primeiro sapatinho, que abriu mão das orações que recebia pela vida de nossa menina, de certo, em pouco tempo, olha por nós do outro plano.

A segunda batalha nós todos perdemos. Perdemos uma guerreira que lutou por oito meses sem perder a alegria, sem deixar de sorrir, sem desistir. Perdemos a titia, a mamãe, a filha, a esposa e a irmã, sempre dedicada e disposta a ajudar. Lembrei-me da passagem do Evangelho: "Dizeis frequentemente, ao falar de um malvado que escapa a um perigo: Se fosse um homem de bem, teria morrido. Pois bem, ao dizer isso, estais com a verdade, porque, efetivamente, Deus concede muitas vezes, a um espírito ainda jovem na senda do progresso, uma prova mais longa que a um bom, que receberá, em recompensa ao seu mérito, o favor de uma prova tão curta quanto possível."[2]

Começamos a pensar nisso na despedida da Ana Cláudia, e, mais tarde, estaríamos relendo esse trecho mais uma vez para nos conformarmos com o que ainda viria.

---

2 *O evangelho segundo o espiritismo*, Allan Kardec, cap. 5, item 22. (N.E.)

A CALMARIA

OS MESES QUE seguiram após a perda da Ana foram tranquilos. Fiz o ultrassom morfológico e Helena se desenvolvia normalmente, com todos os órgãos formados e funcionando direitinho. Abro aqui um parêntese: todas as vezes que ia fazer um ultrassom, eu levava o exame alterado que tínhamos lá do início da gestação, e todas as vezes o médico (sempre o mesmo) 'esquecia' de olhá-lo. Quando percebia minha tensão, ou emoção, diante de uma boa notícia, ele questionava e eu repetia toda a história. Para ele a minha gestação seguia sem nenhuma alteração. Fiz também um ecocardiograma fetal – exame do coraçãozinho – e, mais uma vez, as notícias eram de que "tudo estava dentro da normalidade".

Diante de todo esse quadro, resolvi me render aos luxos da maternidade: comprei a primeira roupinha para ela, planejei seu quarto, fiz o chá de bebê, tirei as fotos de gestante.

Claro que eu não queria ficar só na superficialidade das coisas materiais. Sempre ouvi dentro da casa espírita que no período de calmaria devemos ampliar nosso conhecimento e nos apropriarmos de recursos para que, diante da dor, que sempre chega, possamos estar amparados e seguros de nossa fé para não sucumbirmos frente ao sofrimento.

Acreditava já ter passado pela prova mais difícil e que essa calmaria era o prenúncio da grande alegria que seria a chegada da Helena. Ainda assim, eu e Marcelo nos mantivemos firmes nos nossos trabalhos na casa e nos estudos.

Lá, passamos alguns meses falando sobre reencarnação, relacionamento familiar e transformação de sentimentos. Durante um estudo que tive a oportunidade de conduzir, lembro de uma frase muito significativa de Joanna de Ângelis, no livro *S.O.S Família,* que dizia que família "é um grupo de espíritos normalmente necessitados, desajustados, em compromisso inadiável para a reparação, graças à contingência reencarnatória".

Ao analisarmos todas as dificuldades nos relacionamentos que mantemos ao longo da vida, veremos que as relações familiares – pais, filhos, companheiros e irmãos– normalmente são as que requerem mais a nossa dedicação, paciência, resignação e perdão.

Eu nunca tive grandes discussões com meus pais ou irmãos e também nunca fiquei sem falar com um deles. Por isso, a frase me chamara tanto a atenção. O que o futuro reservava para nós? Se nossa família é a reunião de espíritos em compromisso com a reparação, o que nós ainda haveríamos de reparar?

Lembro-me que num desses estudos, eu ainda comentei com Marcelo:

– Está tudo tão bem, tão calmo, que chego a ficar com medo.

Decidimos não pensar nisso e nos entregamos aos estudos. Nossa bagagem de conhecimentos estava cada vez mais recheada. Aprendemos que a maioria das relações, nesse mundo, são de resgate, que ninguém está fora do contexto familiar que necessita para seu desenvolvimento moral, ou seja, "frequentemente, o espírito renasce no mesmo meio em que já viveu, estabelecendo de novo relações com as mesmas pessoas, a fim de reparar o mal que lhes haja feito",[3] que Deus é bom, justo e misericordioso e suas leis refletem sua bondade e perfeição.

Eu sempre disse em minhas palestras que a dor é necessária, mas o sofrimento é opcional. A partir do momento em que eu decido usar as ferramentas que tenho adquirido ao longo das minhas experiências e estudos, eu transformo a dor em oportunidade de transformação. É o conhecido 'bem sofrer':

"Bem-aventurados os que têm a oportunidade de provar a sua fé, a sua firmeza, a sua perseverança e a submissão à vontade de Deus, porque eles terão centuplicado as alegrias que lhes faltam na Terra, e após o trabalho virá o repouso."[4]

Porque eu resolvi fazer uma pausa na história da Helena para falar sobre os ensinamentos dessa doutrina

3 *O evangelho segundo o espiritismo*, Allan Kardec, cap. 5, item 11. (N.E.)
4 Idem, item 18. (N.E.)

consoladora? Na verdade, a nossa história só teve o desfecho que teve por conta dessas informações. E, graças a essas ferramentas, nós não nos deixamos levar pela dor e pelo sofrimento de ver nossa filha lutando diariamente contra um problema que sabíamos não ter solução. Graças a todo este suporte, pudemos ter a consciência de aproveitarmos todo o tempo que nos foi disponibilizado ao lado dela, para ensiná-la e para aprender com ela e com a sua coragem!

Novamente: se não acreditássemos na vida anterior e posterior a esta, nós enlouqueceríamos sem respostas para tantas perguntas.

Em vários momentos, as dúvidas surgiram e, graças ao nosso conhecimento, as respostas chegaram de forma clara e rápida. Sempre usamos a prece como um recurso poderoso para nos reerguer, diante do desânimo e, principalmente, para abrir os nossos corações, a fim de que nossos amigos espirituais pudessem nos mostrar o melhor a fazer.

Foi fácil? Não. Foi penoso? Demais. Mas não foi impossível.

Graças à calmaria que se fez diante da falta de atenção com os detalhes nos exames da Helena – e que hoje sabemos foi tudo providencial –, pudemos nos preparar para o que estava por vir e curtir a gravidez, esse momento sublime na vida de uma mulher, sem medo e com muito amor.

Trabalhei vários dias confeccionando cada lembrança, cada enfeite do chá de bebê, que tornaram essa comemoração tão especial. Com o mesmo carinho cuidei dos detalhes do quarto, fazendo o que pude com minhas próprias mãos. Acabei usando o artesanato para cuidar da minha ansiedade, que aumentava a cada dia, diante da proximidade do parto.

O GRANDE DIA

N**O DIA 25** de novembro de 2015, às 2h30 da madrugada, minha bolsa rompeu. Corri para o banheiro e me olhei no espelho: chegou a hora! Helena finalmente vai nascer. Eu estava incrivelmente calma. Não tinha medo das dores que viriam, nem do parto natural ou cesárea. Estava pronta e muito feliz.

Já no hospital, sentada sozinha, aguardando ser transferida para o quarto onde seria realizado o parto, cantei *O rio* mais uma vez para ela. Nosso reencontro estava próximo e eu não via a hora de, finalmente, tê-la em meus braços, não importando como ela fosse, mas que estivesse tudo bem.

Essa foi a primeira grande lição que a Helena me ensinou: "Estar tudo bem", de acordo com os nossos planos, nem sempre significa "estar tudo bem" segundo os planos de Deus, que busca colos fortes para acolher seus 'anjos' mais preciosos e o meu fora um desses escolhidos. Eu não tinha ideia da força que tinha! Uma nova Juliana nasceu no dia 25 de novembro de 2015, às 10h25, junto com Helena.

Ela precisou chegar por meio de uma cesárea, às pressas, porque um dos exames anunciou um desconforto cardíaco em nossa bebê. Fui para o centro cirúrgico muito tranquila. Relatei à pediatra as alterações nos exames iniciais e ela pediu que estes fossem trazidos até ela.

Marcelo havia saído para resolver algumas questões do trabalho, acreditando que o parto demoraria mais algumas horas, e acabou sendo surpreendido pela mudança de planos. Ele não viu o momento exato da chegada da nossa filha, mas assim que chegou ao hospital, foi nos ver.

Quando Helena nasceu, esperei longos minutos para ouvir seu choro. Eu me perguntava o que haveria de estar acontecendo, mas o corpo médico amenizava a situação. Depois de cerca de cinco minutos, ouvi um choro fraquinho, que cheguei a pensar ser de outra criança, distante de nós. Não demorou e logo eu estaria diante do maior amor da minha vida, todo embrulhadinho e de touca!

Retirando o pano que envolvia Helena a médica então me disse: “Mãe, ela tem um pequeno defeitinho na mão e as orelhinhas um pouco mais baixas que o normal.” Nessa hora, eu agradeci: “Meu Deus , obrigada; era só isso!” O que eu não imaginava é que esse problema na mão era um dos sinais clássicos da síndrome que até então eu não conhecia.

Eu estava feliz, beijava minha filha, queria ela comigo, mas a percebi toda roxinha e comecei a ficar preocupada. Mais uma vez, os médicos me tranquilizaram. O anestesista sugeriu que eu fosse sedada.

Acredito que ele percebeu o clima tenso da equipe em relação à nossa filha.

A partir desse momento, não me lembro de mais nada. Só depois de algumas semanas, revendo as fotos do nascimento, é que me dei conta de que Marcelo havia chegado a tempo de nos ver. Vi que eu segurei minha pequena, beijei-a mais algumas vezes e vi também que o Marcelo chorava muito. Acreditei ser de emoção, mas depois ele me contara: a real situação de Helena. Disse que os dedinhos tortos e algumas outras características apontavam para uma síndrome chamada Edwards e que era grave. Helena passaria por alguns exames para uma avaliação mais profunda de sua saúde.

Eu estava feliz quando acordei na sala de recuperação. Imaginei que chegaria no quarto e logo receberia minha filha para mamar. Assim que chegaram comigo no andar do meu quarto, eu vi minha mãe, o Marcelo e a psicóloga sentados num banco, chorando. Mas não era para estarem felizes? O que deu de errado?

Não recebi minha filha, pelo contrário. Recebi a notícia de que ela tinha dificuldades para respirar e estava numa incubadora, sendo monitorada. Eu não sei se era o efeito da anestesia ou o choque das notícias ruins, mas eu estava paralisada, sem saber o que falar, o que fazer... o que sentir!

Marcelo chorava em frente ao vidro do berçário, vendo nossa pequena com dificuldade para respirar. Chorava, porque seu pior pesadelo virara realidade, porque via crianças chegando e saindo direto para os braços de seus pais babões, chorava, porque o dia mais feliz de nossas vidas, virara o mais triste. O seu desespero comovia a todos que passavam, e eu, no quarto, era poupada de tudo.

Meus pais entravam e diziam que Helena era linda, cabeluda, a cara do papai. Eu pedia para tirarem fotos e me mostrarem. Mentalmente, tentava me consolar, porque tudo o que eu imaginava e sabia sobre o nascimento de um bebê não estava acontecendo.

Às 16 horas, a pediatra entrou no meu quarto, sem minha bebê. Disse que ela seria transferida para a UTI. Apesar dos exames não demonstrarem nenhuma alteração significativa, ela ainda apresentava uma dificuldade grande de respirar e, na UTI, poderiam investigar melhor o quadro.

Marcelo foi com ela, desesperado, e sem acreditar que tudo aquilo estava realmente acontecendo. As pessoas ligavam, querendo saber notícias e esperando ouvir que nossa filha era linda e saudável, mas ele só repetia: “O que eu tinha tanto medo aconteceu, eu sabia que minha filha teria algo grave. Vamos perdê-la.”

Do meu quarto, bem perto do berçário, eu ouvia o choro das outras crianças, o entrar e sair de bebês, e ficava tentando me lembrar do rosto de Helena, que eu tinha visto tão rápido quando ela nasceu, e depois, através do vidro da incubadora.

Na visita que fizemos a ela, já no fim da noite, o médico nos passou o diagnóstico: síndrome de Edwards com quatro malformações cardíacas, que separadas não requeriam tanto cuidado, mas combinadas, tornavam árdua a simples tarefa de respirar. De tudo o que a síndrome acarreta, o quadro da Helena era bom, mas por ser um problema genético sem muito acompanhamento, já que os bebês se vão em tenra idade (a maioria antes dos quatro meses), não tínhamos um prognóstico sobre como ela responderia a essas complicações.

Minha mãe ficou comigo e Marcelo foi para casa. Eu não dormi. Acho que ninguém dormiu naquela noite. O que estava acontecendo? Eu realmente estava ali? Estávamos mesmo todos passando por aquilo? Meu grande dia ia terminar assim?

O nascimento da minha pequena foi mágico, lindo! Tenho certeza de que uma equipe espiritual muito amorosa estava conosco naquele momento, brindando a oportunidade bendita que se anunciava: a de recuperação daquele espírito que voltava à vida e a redenção dos seus pais, pelo amadurecimento e pelo fortalecimento da fé, do amor e do companheirismo.

Ainda que nós não estivéssemos conseguindo ver o sublime significado daquele momento, por estarmos entorpecidos pela dor que tomava os nossos pensamentos, nós precisávamos começar a nossa jornada de crescimento. Graças a Deus, estivemos acompanhados de muitos amigos e de nossa família, que iniciaram uma corrente de preces e vibrações assim que Helena nasceu. E, graças a essa força, nos mantivemos firmes.

O MAIS PURO APRENDIZADO

AS LEMBRANÇAS DO nascimento da Helena não foram entregues aos que vinham nos visitar. Com tudo seguindo um rumo diferente do que imaginamos, não fazia mais sentido guardá-las em casa, então resolvi entregá-las à equipe médica que cuidaria da nossa filha. Fiz questão de entregar às enfermeiras, psicólogas e médicos, enfatizando que eles seriam a companhia da nossa menina e que passariam mais tempo com ela do que nós.

Hoje consigo ver a beleza de cada dia que se seguiu, a partir do nascimento da nossa bebê, mas vivê-los, num primeiro momento, foi uma tarefa muito dura. Marcelo me disse uma vez que as pessoas, quando contam suas histórias, fazem como que um resumo de um longo livro, em que ficamos sabendo o início, meio e fim, mas não temos ideia do que contém cada linha de cada página escrita. Agora, contando nossa história, eu percebi isso. Só nós três sabemos exatamente o que se passou nos 51 dias de UTI. E só quem vivenciou a experiência de ter que deixar um filho sob os cuidados de pessoas que você não imagina quem sejam, voltar para casa sem o seu bebê, desarrumar a mala da maternidade e olhar todos os seus sonhos e planos sendo desconstruídos é que vai ter uma noção da nossa dor. O restante, lerá o meu relato e se emocionará, alguns tentarão imaginar o que nós sentimos, outros talvez se deem conta de que passaram por momentos piores que os nossos.

Mas minha intenção não é marcar o coração das pessoas com a nossa angústia e sim transmitir o imenso ensinamento que a passagem da Helena deixou entre nós.

Quero mostrar que Deus permite grandes tempestades, desastres que causam perdas enormes e viram tudo de pernas para o ar, mas que não duram para sempre e o sol volta a brilhar. Ele clareia os dias e mostra tudo o que deve ser colocado de volta no lugar. Mostra que estamos vivos e que há oportunidade de recomeçar.

O que fazer dessa oportunidade cabe a cada um decidir. Eu decidi semear o amor que aprendi com a minha filha e não as dores que vivenciei, mesmo porque essas dores me mostraram o quanto sou forte, o quanto sou capaz de aprender e ensinar, mas não vou viver pela dor e nem enaltecê-la.

Nós, definitivamente, nos demos conta da nossa realidade depois de uma conversa com uma das médicas que cuidavam da Helena. Era o seu terceiro dia na UTI e nós já sabíamos das suas vitórias: só 5% dos bebês com a trissomia do 18 chegam a nascer, desses, apenas 10% sobrevivem às primeiras horas. Nossa pequena era uma guerreira vitoriosa por isso.

Queríamos agora saber o que nos esperava dali para frente. E foi com a clareza que pedimos que ela nos explicou sobre as incertezas da síndrome. Ela poderia ir para casa em poucos dias, como nunca sair de lá. A doutora nos pediu 15 dias: o tempo necessário para avaliar o quanto ela realmente conseguia respirar sozinha e também o esforço de seu coração para comandar esta tarefa. Foi nesta conversa que recebemos a informação mais importante e que nortearia nossos dias dali para frente:

– Sejam os melhores pais que vocês puderem, enquanto estiverem com ela nas visitas. Peguem-na no colo, conversem, mostrem que estão aqui.

Foi o que fizemos!

Nossa primeira decisão foi seguir com o que fizemos durante a gravidez, falar abertamente para todos a real situação. Nunca esconderíamos nossa filha, nem o que estávamos passando.

Eu havia criado um grupo para enviar as primeiras notícias da nossa menina assim que ela nascesse. Avisei a todos que eu estava em trabalho de parto e, de repente, tudo virou silêncio. As pessoas ficaram confusas. Assim que ficou definido o quadro da Helena, mandei ao grupo o primeiro boletim médico, que ganhou o nome de "notícias de Helena". Por lá, eu mandava fotos e vídeos e todas as notícias, boas e ruins. Com isso, as pessoas mantinham conosco um laço que a cada dia tornava-se mais justo, um laço de amor, amizade e compaixão.

Também fiz questão que Helena não fosse apenas conhecida como a "RN de Juliana" ou "a bebê do leito 14". Separei tudo o que ela podia usar: laços, sapatos, meias, luvas e gorrinhos. Selecionei também uma foto minha e de Marcelo, que pedi para colocarem no seu bercinho. Quando eu retirava o meu leite para ela, também fazia questão de desenhar uma carinha feliz na fita usada como identificação.

Não demorou muito tempo para que as enfermeiras me chamassem de "mãe da Helena" e ela fosse conhecida pelo charme das meias e sapatos e dos lacinhos. Eu me sentia orgulhosa por isso. Helena era especial por ser querida e não por carregar um raro problema em seu corpo físico.

Sim, estávamos preparados para cuidar da nossa pequena. Nosso maior medo era que ela tivesse um problema grave que exigisse cuidados profissionais e a dependência de um hospital. Sempre que nos deparávamos com histórias de crianças que moravam em hospitais ficávamos aflitos. Quando vimos nossa filha em uma incubadora, monitorada 24 horas por dia, nos demos conta de que nosso pior pesadelo havia se tornado realidade.

Passados os primeiros dias de adaptação com a nova rotina, de muito choro e questionamentos, me senti obrigada a fazer mais por Helena do que simplesmente estar presente nos horários de visita, segurando meu choro diante do seu quadro.

A situação estava posta: minha filha provavelmente nunca iria para casa. Ela apresentava um problema genético em que seu DNA bombardeava as células do corpo com informações confusas, fazendo com que batalhas internas fossem travadas a todo momento, tornando o seu prognóstico totalmente sombrio. Meus sonhos mais lindos tinham que ser esquecidos. Eu precisava aprender a ser uma mãe diferente do que aprendera, vendo minha mãe, minha irmã, minhas amigas. Tudo o que eu estava vivendo era o avesso da maternidade, uma realidade que nunca imaginei que existisse, como se eu estivesse em um mundo paralelo.

Mas não dava para ficar lamentando. Minha filha precisava de mim e eu tinha que estar inteira para ela. Ela não receberia só um tratamento e cuidados intensivos; receberia amor intensivo também. Um amor que fomos construindo juntas e que, hoje, eu percebo o quanto fui inundada por ele.

Primeiro, tive que entender que para amá-la bastava que ela existisse! Desconstruir a ideia de que ela seria mais amada se estivesse em casa, no seu quarto decorado, mamando em meu peito. Demorei para entender que ser mãe é mais que trocar fraldas! Ser mãe de Helena é acordar, olhar os olhos vazios no espelho e tratar de respirar fundo, como se os pulmões, enchendo-se de ar, fizessem encher o coração da coragem necessária para seguir mais um dia. Ser mãe de Helena é engolir o choro, porque lágrimas de tristeza e de questionamento fazem queimar a pele por onde elas escorrem. Não acalmam, não confortam e não ensinam.

Eu aprendi a ser mãe de amor, de entrega e de resignação. Minha filha não ia crescer e contar para as amigas o quanto me dediquei a ela. Eu não a veria seguindo meus exemplos, ou me encheria de orgulho por tê-la guiado pelo caminho do bem. Eu não planejaria sua festa de aniversário, não a enfeitaria para as fotos de mês, não a vestiria com as roupas que escolhi e, consequentemente, não seria elogiada pelo meu asseio e cuidados. Mãe de amor faz muito mais que isso, e faz sozinha! Faz pela vida que foi gerada dentro de si, sem esperar por reconhecimento.

Foi fácil? Não! Doeu demais, demorou para eu entender que o que eu havia feito por amor e em tão pouco tempo era muito mais que muitas mães faziam em anos de convivência com seus filhos. Essa maternidade desconstruída e refeita aos poucos – e que vou carregar pelo resto dos meus dias – é feita de momentos de muita reflexão, doação e fé.

Eu acordava e me arrumava para vê-la. Quando ela abrisse os olhos, viria-me inteira e firme ao seu lado. Eu pegava em suas mãos e logo perguntava como havia passado sem mim. Aos poucos, os sons da UTI já não me assustavam. Também começava a me acostumar com as medicações e o cheirinho de esparadrapo. Já identificava quando Helena estava inquieta, com sono, com cólica. Penteava seus cabelos, separava os sapatinhos e lacinhos para o próximo uso. Fui me familiarizando e já sabia com quem conversar na equipe médica, de quem ouvir os prognósticos, quase sempre pessimistas.

Passei a reconhecer as enfermeiras dedicadas e amorosas, as que viam em cada crianças um de seus filhos. Todas as noites, eu rezava para que a equipe fosse intuída e que acatasse essas intuições de bom grado. Rezava para que também os outros bebês recebessem a boa assistência da equipe médica e também da espiritual.

O que cabia a mim, eu fazia: dava muito carinho para minha pequena, contava-lhe histórias, cantava e, quando a sentia angustiada, encostava bem em seu ouvidinho e dizia: "Calma, meu amor, vai passar... Isso tudo vai passar!" Eu sentia, bem lá no fundo do meu coração, que sairíamos, todos, vitoriosos naquela luta.

Lendo isso tudo, parece que foi muito tranquilo, mas não foi! Repito que precisei chorar, desabafar, conversar e refletir muito durante os dias que passei lá.

Ainda penso muito, analiso tudo o que fiz. O perfume da nossa história paira no ar; não tem como não lembrar de tudo todos os dias. Mas esse perfume suave do amor e da vitória hoje só me traz a recordação da nossa conquista.

Toda a angústia que passamos parece que foi se dissolvendo com as lágrimas e com o tempo. Hoje, eu ainda choro quando converso com ela, pelas manhãs, mas essas lágrimas não queimam mais. É como se elas regassem a semente do nosso amor que cresce e, logo, florirá.

Ainda durante a internação de nossa filha, consegui que uma carta chegasse até o querido e sempre disponível Divaldo Franco. Eu tinha muitas dúvidas sobre toda a nossa situação. Perguntei-lhe se a Helena sentia dores, por conta de tantos exames e medicamentos. Também contei-lhe como conversar com outras mães me ajudava. Fazia isso tentando mostrar que a palavra 'estável', tão corriqueira na UTI para descrever o quadro de nossos bebês, era bom, afinal não haviam piorado.

De alguma forma eu as consolava, mostrando que aqueles momentos difíceis não significavam castigos de Deus; procurava confortar o coração das que acabavam de chegar e precisavam se acostumar com tantos termos novos, sons diferentes, aparelhos e regras.

Na sala de ordenha, eu passava muito tempo ensinando o que eu já sabia e acalmando as mães mais aflitas pela falta de leite. Perguntei a ele também como poderíamos ser os melhores pais, diante das condições que nos foram impostas.

Eis a resposta que ele nos enviou:

"Queridos amigos:

Sempre em paz.

Vocês têm agido corretamente, à luz dos ensinamentos de Jesus, embora com 'os joelhos desconjuntados', como afirmava Paulo. Nosso anjinho sublima-se com esse resgate e foi feliz em escolher os pais, ou vice-versa. Testemunhos de tal monta, evocam o holocausto dos primeiros cristãos, doando a própria vida.

Não poderia ser diferente, em razão dos compromissos de todos os envolvidos, agora convidados a expungi-los. Posso asseverar-lhes, ouvindo os bons espíritos, que ela não sofre, conforme os nossos padrões de sentimentos. As suas são dores morais, pela impossibilidade de melhor conviver com a ternura dos pais, porém, sob grande conforto dos guias espirituais que os protegem.

Continuem repartindo suas lágrimas no consolo com aqueles que não entendem as leis de causa e efeito, contemplando no anjinho crucificado a também sua cruz redentora.

Irei incluí-los em minhas orações, a fim de que na indescritível dor, sintam alegria doce e suave pelo dever cumprido e o testemunho do amor a Jesus e a Deus.

Se possível, menos interrogações e mais aceitação no desempenho do áspero sacrifício.

Muito fraternalmente, servidor em Jesus, que os abraça,

Divaldo Franco"

A TERCEIRA MENSAGEM

DURANTE O PERÍODO que passamos no hospital, recebemos muita ajuda de amigos queridos, que organizavam seus horários para me dar carona até a maternidade, enquanto eu não podia dirigir, por conta da cesárea. Deixavam recados carinhosos, desejando-nos força, fazendo-nos visitas tarde da noite, mesmo que isso significasse pegar o carro e dirigir alguns quilômetros de uma cidade para outra. E claro que num momento como esse os nossos amigos espirituais não nos deixariam desamparados.

Já havíamos recebido duas mensagens e, durante um atendimento fraterno, numa tarde de sábado no centro espírita que frequentamos, recebemos mais uma.

O amigo espiritual se fizera reconhecer mais uma vez. Era um dia muito difícil para mim, pois vinha de uma semana de muitos questionamentos e que me sentia sem forças. Helena havia sofrido uma parada cardíaca e eu tinha desenvolvido uma mastite que me debilitara muito. Devido a tantas angústias, Marcelo sugeriu que procurássemos nossos amigos mais uma vez para que eles pudessem nos ouvir e nos aconselhar e foi nessa conversa que esse amigo espiritual se pronunciou.

Ele nos disse que, por mais que eu me achasse sem forças, eu era forte, sim! Lembrou-me que ao aceitarmos o compromisso de receber nossa filha nesse contexto já sabíamos o que seria enfrentado e tudo estava de acordo com o que cada um dava conta. Reforçou o que eu já sentia há muito tempo: que os laços entre mim e Helena eram de muitas outras encarnações e que, no decorrer de nossas vidas, muitas delas como mãe e filha, nos comprometemos com atitudes e emoções ruins e que agora chegava o momento de repararmos.

Instruiu-me para que não cobrasse do Marcelo mais do que ele podia oferecer, já que a paternidade era algo novo para ele, mas a maternidade para mim, não. Nosso compromisso estava claro agora e eu deveria continuar firme e com fé em Deus e na sua sabedoria, pois tudo estava caminhando na direção certa e nosso sofrimento logo terminaria.

Nosso amigo médium se emocionou mais uma vez com a vibração amorosa que esse espírito deixou e nos contou sobre a cena que havia visto: eu dando banho em nossa filha em um campo florido, numa bacia com água limpa e lençóis brancos. Ele só não se deu conta que havia acabado de descrever a mesma cena que havia descrito sete meses atrás, ao nos transmitir a primeira mensagem.

Saímos deste encontro emocionados, reabastecidos e mais fortes. Era incrível a sensação do amparo que nos cercava. Só nos restava agradecer e seguir em frente.

A DESPEDIDA

FOI NO DIA 14 de janeiro de 2016 que o coração de Helena começou a dar sinais de fraqueza. Eram duas horas da tarde e eu havia acabado de chegar para a visita. A nossa filha havia sido transferida da UTI neonatal para a UTI pediátrica quatro dias antes e essa mudança nos permitiu passar mais tempo com ela, vesti-la, senti-la mais de perto.

Na noite anterior, Marcelo ficou a sós com ela. Eu não fui visitá-la, porque estava muito abalada com a morte de uma bebezinha com a mesma síndrome, que ficava na cama ao lado.

Quando ele chegou em casa, percebi que seus olhos estavam tomados de uma grande emoção. Ele me mostrou as fotos que havia tirado dela e disse que sentiu uma ternura muito grande por parte da nossa filha. Ele me contava com lágrimas nos olhos que, enquanto lia para ela, Helena o acompanhava com seus olhinhos espertos e esboçava um sorriso.

Lembro-me de que eu estava temerosa, sem entender o porquê, mas, ao ouvi-lo, fiquei mais tranquila. Acreditei que os acontecimentos daquele dia é que tinham me perturbado. Na verdade, eu já começava a me despedir de nossa filha.

Ao chegar para a visita, fui informada pela médica de que a nossa bebê estava ótima, que todos os exames estavam bons e que ela provavelmente sairia do respirador nos próximos dias. No entanto, ao chegarmos na sua cama, eu a percebi muito pálida. Imediatamente pediram para que eu saísse e eles iniciaram os procedimentos de reanimação.

Liguei para Marcelo e fiquei na antessala, aguardando notícias. Eu não conseguia rezar, nem raciocinar direito. Só pensava que minha filhinha estava partindo. Meus pais e irmãos estavam viajando e eu ficava ensaiando como daria a notícia. Não fazia nem uma hora que havia falado com eles, mandado fotos e dizendo que estava tudo bem. Marcelo chegou, nem sei quanto tempo ele demorou, mas para mim foi uma eternidade. A porta se abriu e as notícias eram ruins: nossa filha sofrera um choque, não se sabia o motivo, provavelmente mais um bombardeio de informações erradas do seu DNA. Ao entrar, vi minha bebê cheia de aparelhos conectados, muitos remédios e seu coração batendo descompassado. Era hora de conversarmos com ela.

Debrucei-me ao seu lado e, sem conseguir segurar as lágrimas, disse baixinho no seu ouvido: "Meu passarinho, esse corpinho é só uma gaiolinha que te prende aqui. Eu sempre te disse que tudo isso ia passar. Chegou a hora. Voa!"

Os médicos e enfermeiros presentes se emocionaram. Marcelo também se despediu, dizendo que a amava muito e que tinha muito orgulho dela. Eu estava muito abalada, chorava muito, tinha muito medo de vê-la agonizando ou algo parecido. Mas ela estava serena, como se nada de grave estivesse acontecendo.

Voltamos para casa para comer alguma coisa e ligamos para os meus pais, que decidiram antecipar a volta da viagem. Nossa noite foi de muita oração e no dia seguinte, assim que foi liberada nossa entrada, estávamos novamente com ela. Na verdade, eu não entrei mais para vê-la. Meus pais e Marcelo ficaram com ela. Eu guardava na memória o dia em que a vi tendo uma parada respiratória e é uma imagem que ainda me choca. Temia vê-la no mesmo sofrimento. Por mais que a médica e meus pais insistissem para eu vê-la, eu simplesmente não conseguia. Estava tomada por um medo que nunca havia sentido.

Depois que meus irmãos finalmente a conheceram (até então eles ainda não haviam visto minha pequena, só por fotos, devido às restrições da UTI), e todos, à sua maneira, despediram-se dela, a médica sugeriu que eu entrasse e a segurasse no colo. Mais uma vez, não consegui:

– Eu preparei meus braços para niná-la, levá-la para casa e não para senti-la partir – respondi.

Chorei muito por ter fraquejado, mas nessa hora eu simplesmente não tinha mais forças.

Reuni o pouco de energia que ainda me restava e me dirigi à Helena. Eram 15 horas do dia 15 de janeiro de 2016. Dei um beijo em seu rosto e seus batimentos cardíacos aumentaram. Pedi para que ela fosse embora com todos aqueles 'anjos', que eu tinha certeza estavam ali conosco, naquele momento. Repeti que a amava muito e que finalmente seu sofrimento iria acabar. Saí dali carregada pelo meu irmão. Cinco minutos depois, Marcelo me encontrou. Nosso passarinho havia se libertado. Seu coração parou logo depois que nos despedimos.

Eu passei todo o tempo que me foi permitido ao lado dela, nos 51 dias em que ela ficou naquele hospital. Nos seus minutos finais, ela teve o amparo do seu pai, amoroso e forte o suficiente para segurar a sua mão naquele momento em que eu, mesmo podendo, não consegui estar fisicamente presente.

Já pensei muito sobre esses últimos momentos dela. Estar com ela na sua despedida era algo ainda acima das minhas forças. Talvez eu tenha me dedicado tanto a lhe mostrar as belezas da vida, a me fazer firme e a entender tudo o que estava acontecendo, que minhas forças foram se esvaindo.

Quem diria que meu passarinho passaria!

Quem diria que eu passaria tudo o que passei!

Quem diria que eu sobreviveria!

O LUTO

SEPAREI O MACACÃO vermelho de linha que estava preparado para vesti-la assim que ela nascesse. Uma avalanche de sentimentos me tomou naquele momento. Lembrei de quando estava sentada no quarto dela arrumando a mala da maternidade e imaginando como ela ficaria naquela roupa. Depois me lembrei de quando sentei-me na mesma cama e desfiz a mala, soluçando, como se junto eu estivesse desfazendo meu sonho. Agora eu estava novamente com aquele macacão nas mãos para vestir minha filha, sem vida! O símbolo da sua chegada agora marcava sua partida.

As enfermeiras vestiram-na e enfeitaram seus cabelos com um laço. Minha filha estava cheirosa, serena, como se tivesse acabado de nascer. Marcelo a segurou e pude ver que mentalmente ele conversava com ela. Logo meus pais também a seguraram.

Finalmente, conseguimos ver o seu rostinho sem os esparadrapos da sonda e do tubo do respirador. Não víamos nenhum resquício de acessos venosos, picadas de agulhas ou curativos. Nossa filha estava livre e o quarto agora estava em silêncio absoluto. Nada de avisos sonoros.

Não houve desespero, gritos ou porquês. Mas um

misto de sentimentos, provavelmente porque eu estava em choque. Aos poucos, voltamos à nossa realidade. Ali jazia um corpinho sem vida; ela não estava dormindo, não acabava de nascer como nos parecia.

Havia burocracia, papelada e providências a tomar. Ela foi levada do quarto em que estávamos e eu fiquei amparada pelos meus pais e irmãos, tentando entender tudo aquilo. Meu peito doía muito, devido à grande quantidade de leite, o que fez com que uma das enfermeiras me entregasse um remédio para secá-lo.

O telefone já não parava de tocar. A notícia já havia se espalhado. Logo fui levada para uma sala reservada, ali mesmo no andar da UTI. As enfermeiras vinham prestar suas homenagens à Helena e se compadecerem da nossa dor. As médicas também vieram e nos disseram que tinham certeza de que nossa filha fora muito amada. Lembro que uma delas disse: "Lembre-se de que nós só aprendemos pelo amor, embora esse amor seja doído algumas vezes. Deus olha por vocês e por ela e está feliz pela trajetória de vocês."

No dia seguinte, um sábado de manhã, a chuva deu uma trégua para que as pessoas pudessem se despedir da nossa menina. Eu não fui ao seu enterro. Mais uma vez me faltou força. Recebi todas as mensagens carinhosas das pessoas que lá compareceram através dos meus pais e de Marcelo.

Mesmo com a medicação, meus peitos jorravam leite. Será que meu corpo não era capaz de entender todo o sofrimento? Será que mesmo diante de tanta dor e de tudo o que eu havia passado o meu cérebro não era capaz de entender que eu não tinha mais minha bebê para alimentar? Eu estava com os peitos enfaixados, apertados e ainda assim eles insistiam em me lembrar da maternidade e isso era dilacerante!

Choramos muito, ao retornarmos para nossa casa. Olhei seu quarto e me dei conta de que ele nunca foi dela. Era apenas um quarto. Toda a fortaleza que ergui, desmoronou. Eu perdi 20 quilos, desde que Helena nascera. Estava fraca, sem cor, sem vida.

No domingo, acordei com a roupa suja de leite. Meu corpo gritava por ela e isso me fazia sentir ainda mais vazia, sem motivos para levantar da cama. Ela era minha força motriz! Sem ela, como seria?

Marcelo sentou-se ao meu lado na cama e me implorou para que eu reagisse, lembrando que nossa filha também vivia, em outro plano. Ele foi relembrando tudo o que ouvimos, todas as instruções que nos foram passadas, os ensinamentos que constituem nosso lema de vida. Eu não podia deixar tudo o que aprendemos morrer junto com ela. Precisava voltar a acreditar nas palavras que eu mesma havia dito: "Só o corpo doente se foi, a alma da nossa filha estava viva e voltava triunfante de uma conquista que talvez fosse a sua maior em séculos de existências."

Lembro que o abracei depois de ouvir tudo isso e decidi que levantaria. Fomos para a casa dos meus pais e, à noite, Marcelo me levou ao centro para que eu pudesse tomar um passe.

Os amigos queridos vinham nos consolar. Alguns diziam que nossa história era linda e que um dia eu ia conseguir ver a sua beleza. Outros nos abraçavam. Muitos apenas nos ouviam. Era tudo o que precisávamos naquele momento: nada de curiosidade, falas prontas ou pena. Precisávamos do amparo mais puro e verdadeiro.

Ouvi muito: "foi melhor assim", "Deus vai te restituir", "acabou o sofrimento de vocês" e, claro que não poderia faltar o famoso "vocês são jovens, logo outro bebezinho chega para consolar". Minha vontade era retrucar cada uma dessas afirmações. Afinal, foi melhor assim para quem? Os pais nunca querem que se seus filhos morram, querem cuidar, independentemente do que eles tenham! Eu não sofri além do necessário para que Deus me restitua de alguma forma, e meu sofrimento estava muito maior do que quando eu a tinha perto de mim. E, por último, nunca, ninguém substituirá nossa filha. Ela não era uma peça quebrada, que se substitui por uma nova!

Uma vez, eu li: "Você tem todo o direito de sentir raiva, mas isso não lhe dá o direito de ser cruel." E eu sentia muita raiva mesmo, ao ouvir tudo aquilo, mas me continha.

Outra coisa que me mantinha quieta era o fato de que eu nunca soube o que falar diante de uma situação em que um ente querido se vai. Sendo assim, também não sabia o que realmente queria ouvir. Na verdade, eu não queria ouvir nada, afinal, o que se fala para uma mãe que perde um filho? Quando a ordem natural da vida se quebra, qual explicação acalenta os corações? O que eu sabia, de verdade, é que precisava de abraços e de tempo. Queria sentir-me acolhida para recuperar minhas forças e sabia que, com o tempo, todas essas novas informações e situações que me foram impostas seriam refletidas e eu as entenderia melhor.

Os dias se passavam. Eu retornei ao meu trabalho e ainda oscilava muito entre a tristeza profunda, o desânimo e um esforço enorme para seguir em frente, acreditando que meu bebê se recuperava em outro plano.

Marcelo se mostrava mais companheiro e paciente do que nunca. Fazíamos tudo no meu tempo.

De alguma forma, e diante das expectativas nebulosas quanto à saúde da Helena, nós fomos vivendo o luto com nossa menina ainda viva. Questionamos, negamos, barganhamos, aceitamos, ou seja, vivemos todas as fases do luto nos 51 dias de Helena, mas ver se tornar realidade o nosso maior pesadelo me fez esquecer de tudo que já havia refletido. A dor era tão grande que eu simplesmente perdi a razão que comandava meus pensamentos. Eu era um coração despedaçado e só!

Queria brigar, mas com quem? Quem era o responsável pelo que aconteceu com a minha filha? Eu não me descuidei em momento algum durante a gravidez, em nossa família nunca houve histórico de qualquer alteração genética que pudéssemos ter transmitido a ela, nenhum médico foi negligente, ela ficou na melhor UTI neonatal da nossa região. Nenhum culpado. Realmente, racionalmente falando, não havia culpado, mas meu coração insistia em achar que Deus era o culpado de tudo.

Um dia, quando encontrei com uma mãe aos prantos nos corredores da UTI, porque o quadro de saúde do seu filho piorara muito e tudo encaminhava para que ele se tornasse um 'anjinho', eu a abracei e disse: "Não seja forte agora, chore, grite, reclame com Deus, se for preciso. Ele é um pai amoroso e vai entender a sua dor. Assim que você abrir o seu coração, estará muito mais preparada para receber a ajuda de que precisa."

Foi ao me recordar dessas palavras que decidi "desabafar" com Deus, sem nenhum peso de consciência. Aprendi que Deus é justo, misericordioso e bom. Então, minha discussão com ele se baseou nisso. Onde estava sua justiça, que me tirou o direito de exercer a maternidade que eu acreditava ser a correta? Onde estava sua misericórdia, que permitia que minha dor se tornasse cada vez maior e sem nenhum indício de que ficaria mais amena? E a sua bondade, onde estava que permitiu tanto sofrimento a um bebê indefeso?

Eu não conseguia sequer rezar! Mas esperei as respostas, afinal toda discussão tem dois lados e eu esperava que Ele se defendesse.

Um dia depois, recebi daquela mãe que consolei no corredor da UTI, cujo filho se foi dias depois, um vídeo sobre mães que passaram pela perda natal e neonatal. Assisti aos depoimentos com os olhos marejados e fui fazendo um paralelo com tudo que passei. Quando o documentário terminou, percebi que estava diante da defesa de Deus!

Vi mães enlutadas há anos, sem compreender ao certo o que lhes ocorrera, vi outras em que a perda do filho, além das sequelas psíquicas, deixara também sequelas físicas que impossibilitavam uma nova gestação. Vi a dor daquelas que não viram seus filhos ou que passaram alguns minutos apenas com eles, já sem vida, em seus braços. Vi mães torturadas pela insensibilidade da equipe médica que as atendeu e vi tantas outras que choravam pela segunda ou terceira perda.

Foi então que me deparei com todas as respostas para as minhas perguntas: Deus foi justo quando me proporcionou um mês e meio ao lado da minha doce Helena, permitindo que eu fosse a mãe que ela precisava, não a que eu sabia ser ou a que eu sonhava, mas a que as nossas necessidades exigiam. Ele foi misericordioso, porque, mesmo diante de tamanha dor, eu ainda era capaz de refletir e usar toda a instrução que recebi ao longo de anos para confortar o meu coração e, com isso, perceber que meu corpo está pronto para outra gestação, sem sequelas que me impeçam de tentar novamente. Ele foi bom, porque deu à Helena a oportunidade de renascer e desfrutar de muito amparo, muito cuidado, muito amor, e, dessa forma,poder crescer espiritualmente, amadurecer no que fosse necessário para estar mais preparada para novas oportunidades de reencarnação.

Foi tão bom fazer as pazes com Deus! A partir daí, eu voltei a viver!

Não dá para ser racional o tempo todo e a dor me mostrou isso. É preciso se desnudar de todos os conceitos e sofrer. Não tem outro jeito de se recuperar. É como cuidar de uma grande ferida: é preciso desbridar o tecido morto, um processo muito doloroso, por sinal, para que se possa aplicar a medicação necessária e, assim, conseguir a cura.

Quanto mais rápido nos dermos conta de que esse processo é necessário, mais rapidamente as respostas irão chegar, amenizando a dor. Entendi que filho é algo que não se perde. Não se perde um amor; ele se transforma, se transfigura!

SENTINDO O DOCE PERFUME DE HELENA

DEPOIS DE TODA noite chuvosa, por mais assustadora que ela possa parecer, o sol aparece radiante, os pássaros cantam e o frescor da manhã, misturado ao cheiro de terra molhada, anuncia um novo dia. Hoje, três meses depois que me despedi da Helena, sinto como se estivesse acordando numa dessas manhãs.

Sempre digo que, quando passamos por uma situação que requer de nós dedicação e atenção, a transformação é consequência natural, se a enfrentarmos com resignação e sabedoria. Não é fácil identificar como devemos agir durante o turbilhão dos sofrimentos, mas Deus nos concede períodos de calmaria para asserenar o coração, para refletir sobre tudo o que passamos e verificar no nosso íntimo o que realmente mudou em nós. Quando percebemos o quanto nos fortalecemos e fomos abençoados, fica como um doce perfume pairando no ar.

É isso que eu sinto: o doce perfume de Helena me seguindo por onde vou. Também tornou-se nítida a mudança de Marcelo, em relação à sua visão sobre a paternidade, mas não posso falar por ele. Só eu sei todas as transformações por que passei e só ele pode falar com propriedade sobre as suas.

Tenho certeza de que quem acompanhou de perto a nossa trajetória também saiu, pelo menos, pensativo e mexido com toda a experiência.

Eu nunca mais serei a mesma pessoa e nunca mais olharei a vida com os mesmos olhos. Adquiri valores que passaram a guiar meus passos. Que bom que foi assim, que bom que a passagem da minha filha não foi em vão! Tenho certeza de que ela também, ao recobrar sua consciência espiritual, valorizará esta experiência e sentirá muito orgulho de nós.

Hoje, consigo compreender a frase que me marcou tanto na carta do Divaldo: "Contemplando no anjinho crucificado, a também sua cruz redentora." Nosso anjinho me salvou de um caminho triste e tortuoso, quando me mostrou que a vida transcende a matéria, se for pautada no amor e que esse amor é construído e fortalecido quando se tem fé e se entende que tudo está no lugar certo, na hora certa e do jeito que tem que ser. Brigar com a vida é brigar em vão. Porque, acima de tudo, está a Força Maior, com sua lei maravilhosa e benevolente.

Eu sei que tenho muito o que aprender e não tenho ideia dos desafios que ainda estão por vir, mas tenho certeza de que a forma como encararei qualquer dificuldade que se apresente será diferente do que fiz até hoje.

A cada dia, percebo uma lição diferente que posso tirar de tudo o que vivi. É o doce perfume dela que me faz pensar e descobrir essas lições.

Entendi que planos são necessários, mas viver por eles e para eles é perda tempo. Quantas vezes imaginei como seriam meus dias de trabalho com a Helena pequena? Quantos planos fiz para quando eu a levasse para casa? Ela não foi para casa e eu voltei a trabalhar para tentar amenizar a sua perda.

Compreendi que o projeto de maternidade é gestado junto com o filho. São nove meses de vidas entrelaçadas. Exemplos e dicas podem até vir de mãe, irmã, avós, mas verdadeiramente ser mãe se aprende no dia a dia, diante das situações que a vida nos impõe. Ser mãe da Maria, mãe do João e mãe do Antônio são vivências completamente diferentes, mesmo que sejam de uma mesma mulher, porque cada filho é único e exige de nós um viés do amor.

Eu sou mãe da Helena, que precisou ser amada e compreendida, diante de várias limitações, para que nascesse entre nós um amor sem limites. Desconstruí tudo o que imaginei e me reergui diante da oportunidade que tive. Ser mãe da Helena será sempre a maior lição de amor que pude vivenciar.

O perfume da nossa história me faz lembrar que quanto mais expectativas criamos, maior a nossa decepção, quando os fatos não saem de acordo com o desejado. Entender que Deus é bom quando tudo o que esperávamos não acontece, ou pior, quando acontece justamente o que mais tememos, fica muito mais difícil quando se vive por essas expectativas.

Quantas vezes deixamos de lado momentos com amigos e família para trabalhar até mais tarde? Quantas pessoas deixam seus filhos para trabalharem longe, planejando um futuro farto para eles? Quantos desejos se sobrepõem à dedicação que se deve para quem se ama? E a vida acaba mostrando do jeito mais duro que ela é feita de momentos e que eles passam rápido demais.

Ainda bem que eu e Marcelo nunca deixamos de ficar juntos para acumular cada vez mais e mais bens materiais. Estivemos sempre do lado um do outro, nos mais diferentes momentos: dos mais banais aos cruciais em nossas vidas, embora tenhamos criado muitas expectativas em torno do nascimento da nossa filha. Imaginávamos que ela seria a nossa recompensa depois de tantos momentos tristes com a doença e a perda da Ana Cláudia.

Eu imaginei o primeiro dia na casa dos avós, a primeira viagem, o primeiro dia na escola... Que pai ou mãe imagina qualquer coisa diferente disso? Mas graças a Deus, nós não vivemos para isso. Não pautamos nossa vida só no que a matéria pode nos oferecer. Porque tudo o que nos entristecia no início era justamente o fato da nossa filha não estar usufruindo do que é material: o quarto, as roupas, o carrinho, o passeio. Quando entendemos que o que ela tinha era muito mais importante, o nosso amor e nossa dedicação, nossos corações se confortaram.

Eu vivi o fato de que posso sentir toda a raiva do mundo sem que isso me torne uma pessoa cruel ou má porque a raiva é resultado de situações mal vividas e mal compreendidas. Quando se descobre a beleza que há por trás de cada situação difícil, a raiva se transforma em aceitação.

Todos os dias, desde que Helena se foi, algum paciente em meu consultório, pergunta sobre ela. Natural, afinal me viram grávida. No início, eu pedia para minha secretária avisar cada pessoa que chegava ao consultório, resumindo a história e contando seu desfecho, assim eu não teria que reviver nada. Depois, percebi que isso não adiantava: a dor era minha. Comecei, então, a responder, e isso me deixava com muita raiva quando ouvia as famosas frases prontas. Com o tempo, entendi que a raiva só fazia mal a mim mesma. Quando compreendi o que passei, uma gratidão imensa tomou conta de mim.

Hoje, avalio como dizer de uma forma leve que minha filha não está mais aqui conosco e assim não constranger quem só esperava por uma resposta.

No fim, acabo consolando os que me perguntam sobre ela, dizendo que está tudo certo e de acordo com as leis divinas. Que não estamos sós e que tudo o que nos acontece nos fortalece e nos torna melhores.

Eu me dei conta de que as leis divinas nos pedem coisas simples. Que sejamos exemplos do verdadeiro amor e do respeito ao próximo. Eu precisava parar de querer ser a mais forte e compreensiva das mulheres, porque isso exigia muito esforço ainda. Primeiro, eu tinha que me manter de pé, precisava das minhas forças para isso.

Helena vencia uma batalha por dia, às vezes várias batalhas em uma hora! A minha maior luta era me manter lúcida. Fortalecida, bem de saúde e de pé, eu poderia agora dar os primeiros passos em direção à minha filha e começar a ser para ela um exemplo de dedicação e amor. Era isso que eu tinha para oferecer: a minha presença diária ao lado do seu berço, esforçando-me para deixar todo o meu amor ser derramado sobre ela, amor em forma de carícias, de canções, de conversas ao pé do ouvido e beijinhos de despedida. Nada grandiosamente espetacular, apenas uma relação escondida atrás das paredes daquele hospital.

Eu aprendi que um único dia pode guardar uma imensidão de acontecimentos, capazes de mudar para sempre as nossas vidas, e exatamente por não termos ideia do que pode acontecer nos próximos minutos é que devemos aproveitar todos os momentos que nos são cedidos por Deus, ao lado das pessoas que amamos.

É preciso se doar por inteiro, aceitando os desafios que devemos superar. Quando me dei conta de que bastava estar ao lado dela, sendo eu, sem amarras ou máscaras, quando entendi que lutar contra a realidade só me enfraquecia, fiquei mais leve e descobri o significado sublime do amor incondicional.

Por isso, a gratidão me toma. Porque eu me transformei. Posso ter ideia, em algum encontro espiritual com Helena, ou futuramente, no meu retorno, depois desta reencarnação, mas será difícil saber exatamente a verdadeira transformação que ocorreu interiormente em Helena. Também nunca saberei ao certo o alcance da transformação interior de Marcelo. E o que isso importa? O bem que me transformou, transborda, transcende! Nunca mais serei a mesma. Nunca mais seremos!

QUARTA MENSAGEM

JÁ HAVIAM SE passado cerca de dois meses da partida de Helena, quando eu voltei a frequentar os trabalhos na casa espírita de forma mais ativa. Já conseguia dar passes, participar do grupo de acolhimento e palestras dos que procuravam tratamento espiritual e nos estudos. Antes de um desses trabalhos, estávamos conversando justamente sobre o fato de eu estar melhor e mais calma diante de tudo que passei, quando o responsável pela palestra daquele dia me chamou. Imaginei que talvez ele quisesse saber mais um pouco sobre como eu estava, afinal era o que vinha acontecendo muito nos últimos tempos, pois todos da equipe se preocupavam muito conosco. Mas não era isso. Ele pediu que eu sentasse ao lado dele e logo de imediato pude perceber sua emoção.

Com a voz embargada e os olhos marejados, ele me disse que desde que havia chegado sentiu a presença de um espírito que me seria familiar. Ao sentar-se para fazer a prece antes da sua palestra, como é de seu costume, ele me disse que essa presença se fez ainda mais forte e que pedia para que ele falasse comigo. Ainda assim, por cautela, ele esperou para ver se realmente era algo importante. Diante disso, ele decidiu que deveria me chamar.

Assim que me sentei ao lado dele, também senti uma forte emoção sem saber ao certo do que se tratava. A resposta logo veio com o seu relato. Ele me disse que esse espírito, que ele não sabia identificar, mas que era alguém muito ligado a nós, estava muito feliz com o fato de eu estar melhor e com a maneira que eu vinha lidando com o luto e a dor da saudade e pediu para avisar que Helena havia regressado ao plano espiritual curada de todas as dificuldades que trouxera, em espírito, para aquela encarnação, em decorrência dos enganos do passado. Disse também que eu ainda não havia me dado conta da transformação pela qual havia passado e da grande lição que havia aprendido. Ele terminou dizendo que eu seria mãe novamente e para continuar firme com minha fé, sem me revoltar por tudo que passamos, já que tudo fora uma bênção para todos nós.

Eu tenho certeza de que se tratava do mesmo amigo que tinha nos consolado, confortado e nos dado força desde o início. Um espírito comprometido conosco e parte da equipe que tanto nos amparou e continua nos amparando. Eram palavras muito parecidas com as que ouvimos anteriormente de outra pessoa e que em nenhum momento teve contato direto com o que conversava comigo agora. Nenhum desses indícios era necessário para eu acreditar no que ouvi. Bastava que eu confiasse na emoção em que ambos fomos envolvidos.

Quando contei para Marcelo, seus olhos também transbordaram, mas, dessa vez, de alegria.

CONVIVENDO COM A SAUDADE

CADA DIA QUE passa, percebo que a saudade aumenta. Inversa a ela é minha dor, que vem se tornando mais amena. No entanto, acredito que nunca deixarei de senti-la. Fico imaginando como estaria o seu rostinho, como seriam os meus dias e noites ao seu lado e se o meu amor seria assim, tão pleno e puro, se a nossa história fosse apenas mais uma, tão comum no universo da maternidade.

Será que eu reclamaria, como vejo tantas mães, porque a maternidade não era o sonho que eu imaginava? Será que eu choraria pela falta de tempo para mim? Será que eu duvidaria que esse papel era mesmo para ser vivido por mim? Quando eu assim penso, a resposta que me vem é: não! Não reclamaria, não choraria e não teria dúvida de que nasci para ser mãe, afinal, se assim não o fosse, eu não daria conta de passar por tudo o que passamos. Mas ainda assim fico me questionando, quando a saudade aperta.

Quando nossos sonhos são desfeitos, insistimos em continuar imaginando nossas vidas baseada neles. Mas ou faço novos planos e vivo novos sonhos ou desisto de ver o sol que brilha todas as manhãs.

Ainda rezo, todos os dias, a caminho do meu carro. Falo com Helena e descrevo o que vejo. Digo se o céu está azul ou se as nuvens o tomam, se está calor ou mais fresco. Peço para que Deus nos abençoe em mais um dia juntas, mas agora apenas em pensamento. Peço para que os amigos espirituais me deem força e ânimo para prosseguir na minha caminhada. De vez em quando, em meio às minhas preces, sinto uma brisa leve tocar meu rosto e imagino que seja um beijo jogado por Helena, que me escuta e conversa também comigo. Respiro fundo, entro no meu carro e sigo adiante.

E pensar que tenho uma vida inteira para frente...

Procuro, então, apoiar-me em tudo que acredito e na minha fé. Deus sabe o que faz e guarda para nós um reencontro feliz, sem as amarras do passado, sem amargura ou rancor. As existências terrenas são passagens curtas, diante da vastidão da eternidade e é essa eternidade que nos espera para vivermos todos juntos novamente.

Acredito que a saudade também habite o coraçãozinho da nossa menina, mas a felicidade por ter tido a oportunidade de se restabelecer e por ter sido acolhida por nós, com certeza, é muito maior. E, acima de tudo, fica a certeza de que nós três – Marcelo, Helena e eu – estivemos sempre reunidos com os espíritos amorosos que hoje nos amparam, e programamos cada um desses dias juntos, da sua concepção ao seu regresso.

Tudo devidamente esclarecido e de acordo com o que cada um de nós necessitava e era capaz de suportar.

Enfim, ao pensar e relembrar o que tenho aprendido, fica a certeza de que por mais saudoso ou difícil que possa parecer o meu presente, é no futuro que está a minha grande alegria, a nossa alegria. A alegria do reencontro, com a certeza de que fizemos o nosso melhor.

COMENTÁRIOS SOBRE TRECHOS DO LIVRO

"Como teria sido menos sofrido se pudéssemos olhar tudo o que estávamos passando só com os olhos do espírito!"

Allan Kardec, em *O livro dos espíritos*, faz uma bela abordagem sobre as mortes prematuras. Essas desencarnações prematuras estão dentro da ficha evolutiva, não somente daqueles que devem retornar, que vêm à Terra apressadamente para cumprir um período que lhes ficou faltando em experiências anteriores, como também para propiciar àqueles que os amam, a oportunidade da reflexão.

A vida, examinada do plano físico para o mundo espiritual, é feita de incógnitas, mas no sentido inverso, do plano espiritual para o físico, é muito diferente. Sem dúvida, a morte sob qualquer aspecto considerado é uma grande ceifadora de alegria. Freud assevera no seu notável livro *Melancolia*, quando estuda o capítulo sobre o luto, que a morte é tão perversa que o indivíduo passa por um período de abatimento, de quase depressão, que dura invariavelmente até quatro semanas, no entanto, quando por acaso prolonga-se por mais tempo, transforma-se em transtorno depressivo.

Do ponto de vista espírita, é uma provação. Provação para os pais, não para a criança. O espírito no corpo infantil liberta-se, e, ao libertar-se do antigo débito, prossegue em evolução, em melhores condições. No entanto, para quem fica, a dor, a frustração, constituem testemunhos muito sérios, que devem levar a profundas reflexões a respeito dos nossos limites e da imortalidade, da sabedoria de Deus.

Nessa provação, que muitas vezes tem o caráter expiatório, porque os genitores não conseguem superá-la com facilidade, o indivíduo deve voltar-se para os porquês e buscar em Deus a única solução, aliviando a dor com a certeza do reencontro no futuro.

Cumprida a provação, o espírito retorna para continuar o processo da afetividade, renascendo no mesmo reduto doméstico ou através de outros corpos e acercando-se do antigo lar, prolongando a convivência, que momentaneamente ficou interrompida.

Divaldo Franco
Divaldo Franco responde

"Se não acreditássemos na vida anterior e posterior a esta, nós enlouqueceríamos sem respostas para tantas perguntas."

Os espíritas encaram a morte calmamente e se revestem de serenidade nos seus últimos momentos sobre a Terra. Já não é só a esperança, mas a certeza que os conforta; sabem que a vida futura é a continuação da vida terrena em melhores condições e aguardam-na com a mesma confiança com que aguardariam o despontar do sol após uma noite de tempestade. Os motivos dessa confiança decorrem dos fatos testemunhados e da concordância desses fatos com a lógica, com a justiça e bondade de Deus, correspondendo às íntimas aspirações da humanidade. Para os espíritas, a alma não é uma abstração; ela tem um corpo etéreo que a define ao pensamento, o que muito é para fixar as ideias sobre a sua individualidade, aptidões e percepções. A lembrança dos que nos são caros repousa sobre alguma coisa de real. Não se nos apresentam mais como chamas fugitivas que nada falam ao pensamento, porém sob uma forma concreta que antes no-los mostra como seres viventes. Além disso, em vez de perdidos nas profundezas do Espaço, estão ao redor de nós; o mundo corporal e o mundo espiritual identificam-se em perpétuas relações, assistindo-se mutuamente. Não mais permissível sendo a dúvida sobre o futuro, desaparece o temor da morte; encara-se a sua aproximação a sangue-frio, como quem aguarda a libertação pela porta da vida, e não do nada.

ALLAN KARDEC
O céu e o inferno

"Nossos amigos estavam sempre em preces, pedindo por nós."

A súplica da intercessão é dos mais belos atos de fraternidade e constitui a emissão de forças benéficas e iluminativas que, partindo do espírito sincero, vão ao objetivo visado por abençoada contribuição de conforto e energia. Isso não acontece, porém, a pretexto de obséquio, mas em consequência de leis justas. O homem custa a crer na influenciação das ondas invisíveis do pensamento, contudo, o espaço que o cerca está cheio de sons que os seus ouvidos materiais não registram; só admite o auxílio tangível, no entanto, na própria natureza física veem-se árvores venerandas que protegem e conservam ervas e arbustos, a lhes receberem as bênçãos da vida, sem lhes tocarem jamais as raízes e os troncos. Não olvides os bens da intercessão. Jesus orou por seus discípulos e seguidores, nas horas supremas.

EMMANUEL (CHICO XAVIER)
Pão nosso

"Frequentemente, o espírito renasce no mesmo meio em que já viveu, estabelecendo de novo relações com as mesmas pessoas, a fim de reparar o mal que lhes haja feito."

Os laços de família não são destruídos pela reencarnação, como pensam certas pessoas. Pelo contrário, são fortalecidos e reapertados. O princípio oposto é que os destrói.

Os espíritos formam, no espaço, grupos ou famílias, unidos pela afeição, pela simpatia e a semelhança de inclinações. Esses espíritos, felizes de estarem juntos, procuram-se. A encarnação só os separa momentaneamente, pois que, uma vez retornando a erraticidade, eles se reencontram, como amigos na volta de uma viagem. Muitas vezes eles seguem juntos na encarnação, reunindo-se numa mesma família ou num mesmo círculo, e trabalham juntos para o seu progresso comum. Se uns estão encarnados e outros não, continuarão unidos pelo pensamento. Os que estão livres velam pelos que estão cativos, os mais adiantados procurando fazer progredir os retardatários. Após cada existência terão dado mais um passo na senda da perfeição.

Cada vez menos apegados à matéria, seu afeto é mais vivo, por isso mesmo que mais purificado, não perturbado pelo egoísmo nem obscurecido pelas paixões. Assim, eles poderiam percorrer um número ilimitado de existências corporais, sem que nenhum acidente perturbe sua afeição comum.

Entenda-se bem que se trata aqui da verdadeira afeição espiritual, de alma para alma, a única que sobrevive à destruição do corpo, pois os seres que se unem na Terra apenas pelos sentidos, não têm nenhum motivo para se preocuparem no mundo dos espíritos. Só são duráveis as afeições espirituais. As afeições carnais extinguem-se com a causa que as provocou; ora, essa causa deixa de existir no mundo dos espíritos, enquanto a alma sempre existe. Quanto às pessoas que se unem somente por interesse, nada são realmente uma para outra: a morte as separa na Terra e no Céu.

ALLAN KARDEC
O evangelho segundo o espiritismo

"Não é fácil identificar como devemos agir durante o turbilhão dos sofrimentos, mas Deus nos concede períodos de calmaria para asserenar o coração e refletir."

O pensamento é força viva e atuante, cuja velocidade supera a da luz. Emitido por nós, volta inevitavelmente a nós mesmos, compelindo-nos a viver, de maneira espontânea, em sua onda de formas criadoras, que naturalmente se nos fixam no espírito quando alimentadas pelo combustível de nosso desejo ou de nossa atenção. Daí, a necessidade de nos situarmos nos ideais mais nobres e nos propósitos mais puros da vida, porque energias atraem energias da mesma natureza, e, quando estacionários na viciação ou na sombra, as forças mentais que exteriorizamos retornam ao nosso espírito, reanimadas e intensificadas pelos elementos que com elas se harmonizam, engrossando, dessa forma, as grades da prisão em que detemos irrefletidamente, convertendo-se-nos a alma num mundo fechado, em que as vozes e os quadros de nossos próprios pensamentos, acrescidos pelas sugestões daqueles que se ajustam ao nosso modo de ser, nos impõem reiteradas alucinações, anulando-nos, de modo temporário, os sentidos sutis.

ANDRÉ LUIZ (CHICO XAVIER)
Ação e reação

"O espírito antecede o corpo e aquele corpinho refletia apenas as necessidades do espírito para aquela reencarnação."

Cada vida terrena, cada existência do homem na Terra é um processo que se inicia no berço e se encerra no túmulo. Bem o dizem as filosofias da existência: o homem é um projeto. Uns chegam rápido ao alvo através da morte súbita, outros o atingem mais lentamente, mas todos terão de alcançá-lo, mais hoje, mais amanhã. Inútil, pois, nos assustarmos ou aturdirmos com o fenômeno da morte, que não é mais do que um fenômeno biológico. Tudo o que vive, morre. Tudo e não apenas o homem.

J. HERCULANO PIRES
O homem novo

"O verdadeiro 'milagre' de nossa vida não foi a Providência Divina livrar nossa filha da doença do corpo, mas nos dar força suficiente para enfrentar o que estava por vir."

A vida física é puro estágio educativo, dentro da eternidade, e a ela ninguém é chamado a fim de candidatar-se a paraísos de favor e, sim, à moldagem viva do céu no santuário do espírito, pelo máximo aproveitamento das oportunidades recebidas no aprimoramento de nossos valores mentais, com o desabrochar e evolver das sementes divinas que trazemos conosco. O trabalho incessante para o bem, a elevação de motivos na experiência transitória, a disciplina dos impulsos pessoais, com amplo curso às manifestações mais nobres do sentimento, o esforço perseverante no infinito bem, constituem as vias de crescimento mental, com aquisição de luz para a vida imperecível.

André Luiz (Chico Xavier)
Libertação

"Usamos a prece como um recurso poderoso para nos reerguer e abrir os nossos corações, a fim de que os amigos espirituais pudessem nos mostrar o melhor a fazer."

A prece é uma invocação, mediante a qual o homem entra, pelo pensamento, em comunicação com o ser a quem se dirige. Pode ter por objeto um pedido, um agradecimento, ou uma glorificação. Podemos orar por nós mesmos ou por outrem, pelos vivos ou pelos mortos. (...) Quer no caso em que o ser a quem oramos acuda ao nosso apelo, quer no em que apenas lhe chegue o nosso pensamento. Para apreendermos o que ocorre em tal circunstância, precisamos conceber mergulhados no fluido universal, que ocupa o Espaço, todos os seres, encarnados e desencarnados, tal qual nos achamos, neste mundo, dentro da atmosfera. Esse fluido recebe da vontade uma impulsão; ele é o veículo do pensamento. (...) A energia da corrente guarda proporção com a do pensamento e da vontade. É assim que os espíritos ouvem a prece que lhes é dirigida, qualquer que seja o lugar onde se encontrem; é assim que os espíritos se comunicam entre si, que nos transmitem suas inspirações, que relações se estabelecem a distância entre encarnados.

ALLAN KARDEC
O evangelho segundo o espiritismo

"Foi tão bom fazer as pazes com Deus! A partir daí, eu voltei a viver!"

Quando Cristo disse: "Bem-aventurados os aflitos, porque deles é o Reino dos Céus", não se referia aos sofredores em geral, porque todos os que estão neste mundo sofrem, quer estejam num trono ou na miséria, mas ah!, poucos sofrem bem, poucos compreendem que somente as provas bem suportadas podem conduzir ao Reino de Deus. O desânimo é uma falta. (...) A prece é um sustentáculo da alma, mas não é suficiente por si só: é necessário que se apoie numa fé ardente na bondade de Deus. Tendes ouvido frequentemente que Ele não põe um fardo pesado em ombros frágeis. O fardo é proporcional às forças, como a recompensa será proporcional à resignação e à coragem. A recompensa será tanto mais esplendente, quanto mais penosa tiver sido a aflição. Mas essa recompensa deve ser merecida, e é por isso que a vida está cheia de tribulações.

Allan Kardec
O evangelho segundo o espiritismo

"Como teria sido mais fácil, se nossos corações estivessem realmente cheios dos ensinamentos que fomos adquirindo durante tanto tempo de estudo e de trabalho!"

A busca da serenidade se define como a busca de Deus. (...) A compreensão profunda da dinâmica do espírito é essencial à busca da serenidade, e consequentemente à sua realização. Somente através do desenvolvimento progressivo das potencialidades do espírito podemos atingir a serenidade. Nada me parece mais prático do que essa pequena tríade, quase simplória, para alcançarmos a serenidade.

1º Procura sempre a perfeição.

2º Nunca te deixe abater.

3º Eleva-te sempre às circunstâncias.

J. Herculano Pires
O ser e a serenidade

"É preciso desbridar o tecido morto para aplicar a medicação necessária e conseguir a cura."

O verdadeiro espírita, conhecedor dos princípios sublimes da sua doutrina, é um jardineiro do amor, segundo o poema imortal de Tagore. Dia a dia, ele trabalha os canteiros do seu coração, da sua sensibilidade e da sua inteligência, removendo a terra, extraindo as ervas daninhas e semeando a boa semente das flores evangélicas. Não basta acreditar na sobrevivência e participar de sessões ou ouvir palestras. Kardec assinalou que se conhece o verdadeiro espírita pela sua transformação moral.

J. Herculano Pires
O mistério do bem e do mal

"A dor é necessária, mas o sofrimento é opcional."

A resignação espírita decorre não de uma sujeição místico-religiosa a forças incontroláveis, mas de uma compreensão do problema da vida. Quando o espírita se resigna, não está se submetendo pelo medo, mas apenas aceitando uma realidade à qual terá de sujeitar, exatamente para superá-la, para vencê-la.

J. HERCULANO PIRES
O homem novo

"Acima de tudo, a chuva é necessária para que não faltem as flores. Para o nosso amor brotar e se transformar, teríamos que passar pela tempestade..."

Gloriosas sementes de divindade esperam-nos a harmonia e o ajustamento interiores para desabrocharem, dentro de nós mesmos, arrebatando-nos às esferas resplandecentes.

A aquisição das virtudes iluminativas, no entanto, não constitui serviço instantâneo da alma, suscetível de efetuar-se de momento para outro.

Somos, cada qual de nós, um imã de elevada potência ou um centro de vida inteligente, atraindo forças que se harmonizam com as nossas e delas construindo nosso domicílio espiritual. A criatura encarnada ou desencarnada, onde estiver, respira entre os raios da vida superior ou inferior que emite, ao redor dos próprios passos, tal qual a aranha que se confunde nos fios escuros que produz ou da andorinha a que corta os altos céus com as próprias asas.

André Luiz (Chico Xavier)
Libertação

"Essas lágrimas não queimam mais. Elas regam a semente do nosso amor que cresce e, logo, florirá."

Não basta crer na imortalidade da alma. Inadiável é a iluminação de nós mesmos, a fim de que sejamos claridade sublime. Não basta, para o arrojado cometimento da redenção, o simples reconhecimento da sobrevivência da alma e do intercâmbio entre os dois planos. (...) Antes de mais nada, importa elevar o coração, romper as muralhas que nos encerram na sombra, esquecer as ilusões da posse, dilacerar os véus espessos da vaidade, abster-se do letal licor do personalismo aviltante, para que os clarões dos montes refuljam no fundo dos vales, a fim de que o sol eterno de Deus dissipe as transitórias trevas humanas.

ANDRÉ LUIZ (CHICO XAVIER)
No mundo maior

"Eu nunca mais serei a mesma pessoa. Adquiri valores que passaram a guiar meus passos."

Se a experiência humana pode ser doloroso curso de renunciação pessoal, é também abençoada escola em que o espírito de boa vontade pode alcançar culminâncias. Para isto, no entanto, é indispensável se abra o coração ao clima interior da bondade e do entendimento. Somos diamantes brutos revestidos pelo duro cascalho de nossas milenárias imperfeições, localizados pela magnanimidade do Senhor na ourivesaria da Terra. A dor, o obstáculo e o conflito são bem-aventuradas ferramentas de melhoria, funcionando em nosso favor.

ANDRÉ LUIZ (CHICO XAVIER)
Libertação

"É no futuro que está a minha grande alegria. A alegria do reencontro, com a certeza de que fizemos o nosso melhor."

Vinde a mim, todos vós que estais aflitos e sobrecarregados, que Eu vos aliviarei. Tomai sobre vós o meu jugo e aprendei comigo que sou brando e humilde de coração e achareis repouso para vossas almas, pois é suave o meu jugo e leve o meu fardo (Mateus, 11:28 a 30). Todos os sofrimentos: misérias, decepções, dores físicas, perda de seres amados, encontram consolação na fé no futuro, na confiança na Justiça de Deus, que o Cristo veio ensinar aos homens. Sobre aquele que, ao contrário, nada espera após esta vida, ou que simplesmente duvida, as aflições caem com todo o seu peso e nenhuma esperança lhe mitiga o amargor. Foi isso que levou Jesus a dizer: "Vinde a mim todos vós que estais fatigados, que Eu vos aliviarei." Entretanto, faz depender de uma condição a sua assistência e a felicidade que promete aos aflitos. Essa condição está na lei por Ele ensinada. Seu jugo é a observância dessa lei; mas esse jugo é leve e a lei é suave, pois que apenas impõe, como dever, o amor e a caridade.

Allan Kardec
O evangelho segundo o espiritismo

“Quando se descobre a beleza que há por trás de cada situação difícil, a raiva se transforma em aceitação.”

A lei de causa e efeito, lei de justiça, ou de responsabilidade “não é senão lei de harmonia; determina as consequências dos atos que livremente praticamos. Não pune nem recompensa, mas preside simplesmente à ordem, ao equilíbrio do mundo moral como ao do mundo físico. Todo dano causado à ordem universal acarreta causas de sofrimento e uma reparação necessária até que, mediante os cuidados do culpado, a harmonia violada seja restabelecida. (...) O bem e o mal praticados constituem a única regra do destino. Sobre todas as coisas exerce influência uma lei grande e poderosa, em virtude da qual cada ser vivo do Universo só pode gozar da situação correspondente a seus méritos. A nossa felicidade, apesar das aparências enganadoras, está sempre em relação direta com a nossa capacidade para o bem; e essa lei acha completa aplicação nas reencarnações da alma. É ela que fixa as condições de cada renascimento e traça as linhas principais dos nossos destinos. Por isso há maus que parecem felizes, ao passo que justos sofrem excessivamente. A hora da reparação soou para estes e, breve, soará para aqueles.”

Léon Denis
O problema do ser, do destino e da dor

“Acabo consolando as pessoas que me perguntam, dizendo que está tudo certo e de acordo com as leis divinas.”

Do fato de ser inevitável, porque é da natureza o movimento progressivo da humanidade, não se segue que Deus lhe seja indiferente e que, depois de ter estabelecido leis, se haja recolhido à inação, deixando que as coisas caminhem por si sós. Sem dúvida, suas leis são eternas e imutáveis, mas porque a sua própria vontade é eterna e constante e porque o seu pensamento anima sem interrupção todas as coisas. Esse pensamento, que em tudo penetra, é a força inteligente e permanente que mantém a harmonia em tudo. Cessasse ele um só instante de atuar e o Universo seria como um relógio sem pêndulo regulador. Deus, pois, vela incessantemente pela execução de suas leis e os espíritos que povoam o espaço são seus ministros, encarregados de atender aos pormenores, dentro de atribuições que correspondem ao grau de adiantamento que tenham alcançado.

ALLAN KARDEC
A gênese

"Não se perde um amor; ele se transforma, se transfigura!"

A morte é um fenômeno natural, de natureza biológica, no qual se verifica o esgotamento da vitalidade nos seres pela velhice ou por acidentes fisiológicos. Não atinge a essência do ser, que é sempre de natureza espiritual, referindo-se apenas ao corpo material, o que vale dizer que ela não existe como extinção das formas de ser das plantas, dos animais e dos homens. (...) Os que insistem na destruição total do homem pela morte revelam ignorância do avanço das ciências em nossos dias.

J. Herculano Pires
Educação para a morte

DIFICULDADE GERANDO BÊNÇÃO

DIFICULDADE GERANDO BÊNÇÃO é lição habitual na escola da natureza:

a árvore podada, ampliando a produção;

o minério criando o aço quando submetido a mais altas formas de calor;

o mármore, laboriosamente cortado, cedendo lugar aos primores da escultura;

o espinho do bisturi efetuando os prodígios da cirurgia...

Assim, nos domínios do espírito, variadas são as ocorrências de impacto que afligem a criatura na Terra:

o afastamento de companheiros queridos, complicando a realização de respeitáveis planos de trabalho;

a explosão de enfermidade complexa exigindo longo esforço de recuperação;

o acontecimento infeliz, envolvendo familiares e amigos, reclamando sacrifícios para o retorno à tranquilidade;

a desencarnação de pessoas amadas impondo

lesões ao campo emotivo e requisitando mais trabalho ao coração ferido, para que não se desequilibre a engrenagem doméstica...

Se crises dessas te amarfanham a sensibilidade, não esmoreças e suporta com firmeza a tempestade espiritual em que te vejas, sem despertar do posto de serviço em que a sabedoria da vida te situou.

Provavelmente agora não percebes os fios invisíveis que entretecem as ocorrências para o bem, no entanto, se permaneces fiel ao próprio dever, agindo e servindo, em tempo breve, reconhecerás, muito embora as provações sofridas, que a Lei de Deus, em nosso benefício, faz sempre o melhor.

EMMANUEL (CHICO XAVIER)
Amigo

Esta edição foi impressa nas gráficas da Assahi Gráfica e Editora, de São Bernardo do Campo, SP, sendo tiradas três mil cópias, todas em formato fechado 140x210mm e com mancha de 94x162mm. Os papéis utilizados foram o Holmen Book Cream (Holmen Paper) $60g/m^2$ para o miolo e o cartão Poplar C1S (Chenming International) $300g/m^2$ para a capa. O texto foi composto em Goudy Old Style 12,5/15,75 e os títulos em Directa Serif 40/43. Eliana Haddad e Izabel Vitusso realizaram a preparação do texto. Bruno Tonel elaborou a programação visual da capa e o projeto gráfico do miolo.

AGOSTO DE 2017